Verena Kast

# Loslassen und sich selber finden

HERDER / SPEKTRUM

Band 4002

Das Buch

Loslassen und sich selber finden ist die zentrale Lebensfrage von Eltern, deren Kinder heranwachsen, erwachsen werden und das Haus verlassen. Es steht eine neue Lebensphase an, die vielfältige, positive und negative Gefühle mit sich bringt. Diese Gefühle können in eine fruchtbare, neue Beziehung zu den Kindern und zum Lebenspartner, zur Lebenspartnerin münden. Die Autorin zeigt, wie diese Wandlung im Leben positiv gestaltet werden kann, wie sich die Chance einer stabilen Identität eröffnet.

Die Autorin

Verena Kast, geboren 1943, Psychotherapeutin in eigener Praxis in St. Gallen, Dozentin am C.-G.-Jung-Institut in Zürich, Professorin an der Universität Zürich, Vizepräsidentin der Internationalen Gesellschaft für Analytische Psychologie, Vorsitzende der Internationalen Gesellschaft für Tiefenpsychologie. Autorin zahlreicher Bücher u. a. zur Thematik des Trauerns und zu Beziehungsproblemen.

Verena Kast

# Loslassen und sich selber finden

## Die Ablösung von den Kindern

Herder
Freiburg · Basel · Wien

Originalausgabe
2. Auflage


Herstellung: Freiburger Graphische Betriebe 1991
Umschlaggestaltung: Joseph Pölzelbauer
Umschlagbild: Edvard Munch, Red and white, 1884
Munch forlaget A/S, Oslo
ISBN 3-451-04002-6

# Inhalt

# Vorwort

Ablösungsprozesse von den Kindern können besser gelebt werden, würde man mehr darauf achten und bewußter Abschied nehmen.

Dadurch könnte in einem an sich leidvollen Prozeß dennoch auch viel Leid vermieden werden. Aus diesen Gedanken und Erfahrungen heraus ist dieses Buch entstanden, und ich hoffe, daß es eine Hilfe ist, auf diesen speziellen Trauerprozeß aufmerksam zu machen, ihn besser zu verstehen und zu bestehen.

Ein Buch wie das vorliegende lebt von der mitgeteilten Erfahrung von Betroffenen – und Betroffene sind wir in dieser Beziehung alle.

Ich danke aber vor allem den Frauen, die mir erlaubt haben, ihren dornigen Weg der Ablösung stellvertretend für viele zu schildern, sehr herzlich für die Bereitschaft, mir ihre Erfahrungen zur Veröffentlichung zu überlassen.

Sehr dankbar bin ich meiner Tochter Renata, die mit viel Liebe und Ausdauer die Endfassung meines Manuskriptes hergestellt hat.

St. Gallen, im Herbst 1990 *Verena Kast*

# Sich einlassen und loslassen

„Sind Ablösungsprobleme Frauenprobleme?“ wird in einem Zeitungsartikel mit dem Titel „Ablösung beginnt im Kindergarten“ [1] von Annemarie Stüssi gefragt. „Bis zu einem gewissen Grade schon“, gibt sie die Antwort, „Männer tun sich in der Regel leichter mit solchen Situationen, weil sie im Berufsleben stehen und daher weniger mit der Leere konfrontiert werden.“

Es ist bekannt, daß Frauen, die ausschließlich die Mutterrolle leben, in der Regel große Schwierigkeiten im Zusammenhang mit der Ablösung der Kinder haben, schließlich geht es darum, daß sie ihren Lebensinhalt verlieren. Es ist auch nachgewiesen, daß diese Frauen auf die Ablösung ihrer Kinder mehr mit Depressionen reagieren als Frauen, die sich nicht ausschließlich den Kindern gewidmet haben [2]. Die Ablösung ist ein Problem. Aber ist sie wirklich nur deshalb problematisch, weil diese Frauen keinen Beruf haben, keinen anderen zentralen Lebensinhalt? Und was ist mit jenen Frauen, die durchaus einen Beruf haben, der sie ausfüllt, und die die Ablösung von den Kindern dennoch als sehr schmerzhaft erleben? Und was ist mit den Männern, die ebenfalls sehr leiden darunter, daß die Kinder das Haus verlassen, die alles dafür tun, daß sie noch bleiben?

Ablösungsprobleme sind nicht nur Frauenprobleme, es sind Menschenprobleme. Da sich aber Frauen in der Regel auf die Beziehung zu ihren Kindern total einlassen, wird auch die Ablösung von diesen Kindern und von diesem Engagement zu einem zentralen Konflikt, der zu Krisen und anschließender Neuorientierung führen kann.

Wir Menschen müssen uns einlassen, und wir müssen auch immer wieder loslassen – und das fällt uns schwer. Wir müssen lernen, so loszulassen, daß wir uns nicht einfach beraubt vorkommen, so daß wir auch immer wieder den Mut haben, uns neu einzulassen, obwohl wir wissen, daß sich einzulassen auch bedeutet, immer wieder loslassen zu müssen, mit dem damit verbundenen Schmerz, mit der damit zusammenhängenden dringenden Notwendigkeit der Neuorientierung. Eine Leere bleibt allemal zurück, wenn ein Mensch, mit dem uns viel verbunden hat, aus unserem Leben weggeht. Man kann diese Leere rasch wieder auffüllen oder sie auch zuschütten, man kann aber auch innehalten und sich fragen, ob man ausschließlich Gefühle der Leere spürt? Ist neben der Leere vielleicht auch Dankbarkeit zu erleben, Freude, daß eine Lebensphase vorbei ist, oder machen sich etwa auch Schuldgefühle bemerkbar? Man kann sich auch fragen, wofür Raum – Freiraum – in unserem Leben geworden ist, zu welchen Phantasien also uns die Leere führt.

Jeder Prozeß der Ablösung wirft uns auf uns selbst zurück: wir sind allein, wir bleiben zurück, sind verlassen worden, vielleicht sind wir sogar einsam. Eine Frage drängt sich dabei unabweisbar auf: Wer sind wir, und wer können wir sein, wenn wir uns nicht mehr aus der gewohnten Beziehung, aus den gewohnten Beziehungen, heraus verstehen können? Diese Neuorientierung erfordert Selbstbesinnung, dieser Prozeß ermöglicht aber auch neue Selbstbestimmung.

# Ablöseprozesse

Spricht man von Ablöseprozessen im Zusammenhang mit Kindern, dann denkt man gewöhnlich zuerst an die Adoleszenten[3], die aus dem Elternhaus ausziehen, in eine Wohngemeinschaft, in eine eigene Wohnung, meistens auch sich hinwenden zu Menschen, die für sie wichtiger geworden sind als die Eltern. Es handelt sich bei diesem Ablöseprozeß in der Adoleszenz auch gewiß um den einschneidendsten Ablöseprozeß zwischen Eltern und Kindern, einem Prozeß von großer Wichtigkeit, lernen die Kinder doch dabei, sich zu trennen, lernen die Eltern dabei, loszulassen.

Aber die Ablöseprozesse beginnen viel früher und begleiten den ganzen Prozeß der Beziehung der Eltern zu den Kindern. Ablöseprozesse begleiten überhaupt alle Beziehungsprozesse: Sich einlassen – loslassen – und neu sich wieder einlassen – manchmal auf einer neuen Ebene sich wieder einlassen, sind Rhythmen, die zu jeder menschlichen Beziehung gehören.

Da sagt eine junge Mutter, die ihr Kind übertragen hat: „Wahrscheinlich wollte ich es bei mir behalten, wollte es nicht loslassen.“ Und sie fragt sich, ob das notwendigerweise heiße, daß sie auch im späteren Leben Schwierigkeiten haben werde, das Kind in die Selbständigkeit hinein loszulassen. Unaufgefordert erzählt sie, daß sie sowieso Schwierigkeiten habe, loszulassen, Schwierigkeiten damit habe, wenn sich die Situationen veränderten, sie habe lieber, wenn alles beim alten bleibe, beim Vertrauten, beim Gewohnten: festhalten aus Angst vor dem Neuen; festhalten aus Angst davor, neuen Situationen nicht gewachsen zu sein; festhalten aus mangelndem Selbstvertrauen?

Bei der Geburt beginnt die Ablösung, bei der Geburt aber müssen sich Eltern auch ganz neu auf das Kind einlassen. Gewiß wird zum Zeitpunkt der Geburt weniger der Trennungsschmerz im Vordergrund stehen, mehr die mehr oder weniger ängstliche Erwartung auf das gemeinsame Leben. Und doch kann auch der Trennungsschmerz gefühlt werden.

Ablösung, Loslösung wird dann gespürt, wenn das Kind die ersten selbständigen Schritte macht: Das ist der Anfang vom Ende. Der Stolz über die ersten selbständigen Schritte des Kindes vermischt sich leicht mit einer leisen Wehmut, „einem kleinen Stich im Herzen" – aber auch mit einem Gefühl der Erleichterung. Die Ablösung der Kinder von uns, ihr immer mehr und mehr Selbständigwerden, ist ja gleichzeitig etwas, das wir anstreben. Unsere Gefühle sind angesichts dieses Selbständigerwerdens, einer normalen Folge der Entwicklung, widersprüchlich, unsere Botschaften sind es nicht selten ebenfalls: Wir stimulieren zwar die autonomen Tendenzen in unseren Kindern, zumindest verbal, wir hemmen sie aber auch, indem wir etwa übertrieben auf die Gefahren aufmerksam machen, die in der Welt drohen, und auf die Sicherheit hinweisen, die wir selber zu bieten meinen, oder indem wir unseren Schmerz über unser Alleinsein sehr deutlich zeigen, vielleicht sogar die Kinder damit erpressen. „Mami ist aber traurig, wenn du so weit weg gehst“, hörte ich kürzlich eine Mutter zu ihrem etwa 15 Monate alten Kind sagen, das strahlend in die Welt hineinwackelte, zwar immer noch wieder ängstlich Blickkontakt aufnahm mit der Mutter, aber sehr deutlich machte, daß es jetzt auf einen Spaziergang in die Welt hinein Lust hatte ... Dieses Kind ließ sich von den Worten der Mutter nicht beeindrucken, es faßte sie offenbar als Teil eines Spiels auf. Die Mutter wartete dann gelassen, bis das Kind wieder zurückkam, und schloß es liebevoll, wie nach langer Trennung, wieder in die Arme.

Der Ausdruck „Mami ist traurig, wenn du weggehst“, kann viel problematischere Wirkungen haben als in dieser geschilderten Situation: Er kann den Kindern im Laufe ihrer Entwicklung immer wieder das Gefühl geben, daß sie sich nicht ablösen dürfen, daß sie sich nicht altersgemäß entwickeln dürfen, daß sie nicht mit vollen Händen ins Leben greifen dürfen. Der intensive Wunsch einer Bezugsperson, das Kind möge sich nicht ablösen, wird mit der Zeit vom Kind verinnerlicht. Es selbst gibt sich dann in der Folge nicht die Erlaubnis, sich abzulösen und dadurch sich anderen Menschen und der Welt zuzuwenden: Ein solches Leben wird zunehmend gehemmt; solche Kinder bleiben zu lange abhängig, werden zu lange nicht autonom, nicht selbständig. Sie möchten auf die Welt zugehen, auf die Menschen zugehen, aber sie dürfen es nicht. Sie bleiben, bildlich gesprochen, an der Grenze zur Welt und zu den anderen Menschen stehen, können nicht vor und gehen auch nicht wirklich zurück. Ihre Eroberungslust wird gebremst, sie werden ängstlich [4].

Werden Kinder nicht losgelassen, dann können sie sich auch schlechter ablösen. Dabei gibt es ganz unterschiedliche Reaktionen zwischen Bezugspersonen und Kindern: Da gibt es Kinder, die die Eltern geradezu provozieren, sie doch festzuhalten, andere Kinder, bei denen kommt es nicht den klammerndsten Eltern in den Sinn, diese über die Zeit hinaus festzuhalten, und wenn sie es tun, dann wirkt das geradezu kontraproduktiv. Erziehung ist nicht einfach etwas, was Eltern über ihre Kinder ergießen und diese einfach genießen oder genießen müssen: Jede Bezugsperson hat mit jedem Kind eine besondere Beziehung, es ist ein Zusammenklingen – manchmal mit Mißtönen –, und die beiden stimulieren oder hemmen sich gegenseitig wie in jeder anderen Beziehung auch.

Der Ablöseprozeß findet während der ganzen Kindheit statt; es sind auch Wegmarken der Ablösung auszumachen, Einschnitte, an denen uns deutlich wird, daß sich die Qualität der Beziehung zu einem Kind verändert. Als solche Wegmarken erscheinen uns bestimmte Situationen: Ein Kind geht zum ersten Mal in die Spielgruppe – und schaut nicht mehr zur Bezugsperson zurück, die es gebracht hat; das Kind geht in den Kindergarten und verkündet, es wolle jetzt die Kindergartentante und nicht mehr die Mami heiraten. Auch Schuleintritt, Schulübertritte usw. sind alles unübersehbare Wegmarken der Ablösung. Dazwischen liegen viele Situationen, in denen es deutlich wird, daß das Kind uns nicht mehr so sehr braucht, wie es uns einmal gebraucht hat, vielleicht auch auf eine andere Weise braucht als zuvor: Es sind Situationen, die einen Verlust signalisieren, Situationen, die aber auch einen Gewinn anzeigen: Das Kind kann das Leben immer mehr auch selber gestalten, es wird eigenaktiver, und auch die Eltern werden wieder unabhängiger, werden frei für andere Lebensaufgaben.

Die Ablösephasen verlaufen in einer gewissen Regelhaftigkeit: Kinder stürmen in die Welt hinein, sie sind stolz auf ihre Selbständigkeit, übernehmen sich dabei manchmal auch ein wenig, werden etwas irritiert oder erschrecken sich, sie kommen zurück – man nennt das den Schritt der Wiederannäherung[5] nach der Trennung. Bei der Wiederannäherung werden etwa schon recht unternehmungslustige Kinder wieder weinerlich, hängen am Rockzipfel von Mutter oder Vater und werden wieder ganz klein. Werden sie in dieser Phase liebevoll wieder aufgenommen, ohne entwertende Bemerkungen über den vermeintlichen Rückfall in eine frühere Phase, dann ereignet sich recht bald die sogenannte Wiederannäherungskrise: Die Verbindung, aus dem Schrecken heraus geknüpft, ist zu nah, läßt zu wenig Spielraum für die mögliche Autonomie. Das Kind wird quengelig, aggressiv und wird wieder selbständiger. Bei manchen Kindern kann man beobachten, daß das Maß der Selbständigkeit jetzt etwas korrigiert wird – auf ein verträglicheres Maß hin als beim ersten Aufbruch. Die neue Distanz und die neue Autonomie spielen sich ein, bis neue Entwicklungsschritte wieder einen neuen „Trennungsschub“ einleiten.

Trennungen im Leben des Menschen – auch im Erwachsenenalter – verlaufen in diesen Rhythmen, wobei zur zunehmenden Entwicklung von Autonomie auch eine zunehmende Bezogenheit auf die Menschen, mit denen man zusammenlebt, erfolgen muß[6].

### *Ablösephasen sind Abschiedsphasen*

Um die Ablösephase in der Adoleszenz gut durchzustehen, ist es hilfreich, wenn die Ablösephasen auch schon vorher bemerkt und bestanden werden. Viele Probleme, die Erwachsene mit Kindern haben, haben damit zu tun, daß nicht wirklich von Phasen Abschied genommen werden kann, die vorbei sind.

Da sagt etwa ein Vater zu seinem fünfzehnjährigen Sohn: „Es war eine wunderbare Zeit, als du so mit zehn und elf an meinen Lippen gehangen hast, als ich richtig wichtig war für dich. Warum kann das nicht so bleiben, warum mußtest du in dieses schwierige Alter kommen!" Das Alter wäre für den Vater bedeutend weniger schwierig und dennoch noch schwierig genug, hätte er Abschied genommen von der Idee, daß die Beziehung zu seinem Sohn dieselbe bleiben müsse, die er zu ihm als dem zehn- oder elfjährigen gehabt hat.

Abschied nehmen will gelernt sein. Die Emotion, die uns hilft, Abschied zu nehmen, Verluste aufzuarbeiten, das ist die Trauer. Wenn wir etwas verlieren, das für uns einen großen Wert darstellt, dann erleben wir einen Verlust, wir sind traurig. Die Trauer ist die Emotion, die den Verlust ausdrückt, die uns aber auch hilft, den Verlust zu verarbeiten, wenn wir uns den verschiedenen Emotionen überlassen, die in dem „Trauern" sich verdichten. Ich werde in folgendem den Trauerprozeß in seiner Regelhaftigkeit schildern, wie er zu beobachten ist bei Menschen, die einen geliebten Menschen durch den Tod verloren haben, ein Extremerlebnis von Verlust. Er kann mit leichten Modifikationen, die ich in einem zweiten Schritt aufzeigen werde, auf die Trauerarbeit übertragen werden, die notwendig ist, wenn wir erwachsene Kinder ins Leben hinein freigeben müssen.

# Der Trauerprozeß

Wir sind vom Gefühl der Trauer erfaßt, wenn wir einen Menschen oder ein Lebensgut verloren haben, das für unser Leben einen besonderen Wert dargestellt hat. Mit diesem Gefühl der Trauer verdichtet sind Gefühle des Kummers, der Angst, des Zorns, der Schuld usw.

Das Erleben dieses Gefühls, das Zulassen dieses Gefühls bewirkt, daß wir in einen Trauerprozeß eintreten, einen Entwicklungsprozeß, durch den wir langsam – und sehr schmerzhaft – lernen, den Verlust zu akzeptieren und ohne den Menschen, den wir verloren haben, ohne das Gut, das wir verloren haben, uns wieder neu auf das Leben einzulassen.

Der Trauerprozeß und die Trauerarbeit müssen im Zusammenhang mit der Beziehung gesehen werden, aus der wir uns durch den eingetretenen Verlust herauslösen müssen. Wenn wir zu einem Menschen eine intensive Beziehung aufbauen, dann wachsen wir mit ihm zusammen, mit ihm zusammen *wachsen* wir aber auch. Das ist der Grund, weshalb Trauernde sagen, sie würden sich jetzt entzweigerissen fühlen, sich wie eine blutende Wunde anfühlen, sich entwurzelt vorkommen. Der Prozeß dieses gemeinsamen miteinander Verwachsens wird durch den Tod abrupt unterbrochen und verändert das ganze Leben: Im Laufe des Trauerprozesses müssen wir uns wieder auf uns selbst als einzelne besinnen, neu auch wieder als einzelner, als einzelne einen Bezug zur Welt finden. Wir müssen uns von einem Beziehungsselbst auf unser individuelles Selbst zurückorganisieren. Der Verlust betrifft unser ganzes Leben, besonders wenn es sich um den Verlust eines uns sehr nahestehenden Menschen handelt.

So ist denn der Trauerprozeß ein sehr schmerzhafter Prozeß von einer eigentümlichen Lebendigkeit, der viel Kraft und Zeit kostet und uns zwingt, uns mit uns selbst und mit der Beziehung, die abgebrochen worden ist, auseinanderzusetzen.

## *Die verschiedenen Phasen*

Aus der Beobachtung von trauernden Menschen, besonders auch aus den Träumen, die Trauerprozesse regelmäßig begleiten, kann der typische Ablauf eines Trauerprozesses beschrieben werden [7].

Die erste Phase des Trauerprozesses nenne ich die *Phase des Nicht-wahrhaben-Wollens.* Man weigert sich zu glauben, daß ein Mensch wirklich gestorben ist, man steht unter Schock und versucht sich zunächst dadurch vor den Gefühlen des Verlustes zu retten, daß man sich einredet, alles wäre nur ein böser Traum, aus dem man erwachen werde.

Diese erste Phase, die Stunden oder Tage dauern kann, geht in die zweite Phase, die *Phase der „aufbrechenden chaotischen Emotionen“* über, nicht selten beim Anblick der Leiche, dann also, wenn wir den Verlust nicht mehr verdrängen können. Chaotisch nenne ich diese Emotionen deshalb, weil verschiedene, auch sich widersprechende heftige Gefühle erlebt werden: Kummer, Angst, Zorn, Schuld, Sehnsucht, Liebe usw. Auch verhältnismäßig ruhige Stunden gehören dazu, Stunden der Dankbarkeit oder gar der Freude.

Während dieser Phase sind Schlafstörungen und Appetitlosigkeit häufig anzutreffen, auch eine erhöhte Anfälligkeit für Infekte kann beobachtet werden. Das Gefühl, einen einschneidenden Verlust erlebt zu haben, erfaßt den Trauernden. Der unabwendbare Eindruck, von der Welt und anderen Menschen getrennt zu sein, gehört dazu.

Die Mitmenschen ertragen oft trauernde Menschen nicht gut. Sie erinnern daran, daß kein Leben vor dem Verlust gefeit ist. Außerdem lassen sie sich in der Regel nicht leicht trösten. Deshalb werden ihnen dann bald einmal Vorschriften gemacht, oder es wird ihnen aufgelistet, was sie eben machen müßten, damit es ihnen wieder besser ginge.

Der Trauerprozeß ist für den Menschen, der ihn durchsteht, ein einsamer Prozeß. Trauernde machen es ihren Mitmenschen auch schwer: Sie gehen nicht auf sie zu, gelten auch als anspruchsvoll – denn eigentlich möchten sie den verstorbenen Menschen zurückhaben –, und sie verlieren in der Regel auch das Verbindliche. Der Trauerprozeß bringt es mit sich, daß sehr deutlich unterschieden wird zwischen dem existentiell Wesentlichen im Leben und dem Beiwerk – auf das Beiwerk kann der Trauernde keine Rücksicht nehmen. So ist die Beziehung von beiden Seiten, von den Trauernden und von denen, die trösten wollen, erschwert. Die beste Art, einen trauernden Menschen zu begleiten, ist es, dazusein, seine Gefühle aufzunehmen, die Geschichten mit anzuhören, die erzählt werden, oder auch selber zu erzählen, wie man den verstorbenen Menschen erlebt hat. Mit der Zeit ist nur noch möglich, die Gefühle des Trauernden aufzunehmen, ohne diese verändern zu wollen. Das bedeutet aber, daß wir Gefühle des Kummers, der Angst, des Zorns, der Verzweiflung bei einem anderen Menschen aushalten und akzeptieren müssen, ohne sie gleich verändern zu wollen, ohne gleich „trösten" zu wollen, damit wir uns selbst wieder besser fühlen.

Der Zorn, der in dieser Phase der aufbrechenden chaotischen Emotionen in der Regel erlebbar ist, äußert sich als Zorn auf die Schöpfung, auf das Leben, manchmal auch auf den verstorbenen Menschen selbst, oder auf Gott. Diese Phase geht in die *Phase des Suchens, Findens und Sich-Trennens* über. Diese Phase ist dadurch gekennzeichnet, daß der verstorbene Mensch gesucht wird, natürlich in der Erinnerung, aber auch in Träumen, in Gesprächen mit anderen Menschen usw. Die Entwicklung dieses Prozesses wird dadurch eingeleitet, daß Trauernde in Gedanken nun sehr mit dem Verstorbenen beschäftigt sind. „Ich kann an nichts anderes denken als an den Verstorbenen", heißt es dann etwa, und das ist genau das, was sie auch tun sollen.

Es sind ja die Zurückgebliebenen, die trauern müssen, die in ihrem Selbstverständnis und in ihrem Weltverständnis verunsichert sind, die spüren, daß in ihrem Leben eine grundlegende Wandlung eingetreten ist, die sie nicht gesucht haben. Insofern müssen Trauernde sich mit sich selbst beschäftigen, um wieder mit sich selber in der neuen Situation zurechtzukommen. Selbst dann, wenn sie gleichzeitig andauernd an den verstorbenen Menschen denken, denken sie immer auch an sich und an die Beziehung, die zwischen ihnen bestanden hat.

Es geht bei diesem Denken an den Verstorbenen einmal darum, sich die Geschichte, die man mit diesem Menschen hatte, ins Bewußtsein zu rufen. Solange ein Mensch, mit dem wir in einer Beziehung stehen, noch lebt, ist diese Beziehung nicht zu einem Abschluß gekommen, wir können sie auch niemals dergestalt gefühlsmäßig in unserer Erinnerung präsent haben, wie dann, wenn dieser Mensch gestorben ist, die Beziehung auch unveränderbar festgeschrieben ist, nicht mehr verändert werden kann und wir zudem unter dem Eindruck stehen, daß hier etwas, was wichtig war für uns, zu einem Ende gekommen ist, wenigstens auf dieser Welt.

Bei dieser Erinnerungsarbeit, bei der das Erzählen von Geschichten aus dem gemeinsamen Leben mit dem Verstorbenen eine große Bedeutung hat, geht es nicht nur darum, das gemeinsame äußere und innere Leben zu rekonstruieren, es geht auch darum, Projektionen zurückzunehmen, zu sehen, wo man einem verstorbenen Menschen Wesenszüge von einem selbst angelastet hat, an ihm diese dann allenfalls gehaßt oder auch geliebt hat.

Projektionen zurückzunehmen bedeutet dann, plötzlich zu erkennen, daß diese Wesenszüge zu einem selbst gehören. Auch die Delegationen müssen zurückgenommen werden: Seiten an einem selbst, die durch den Verstorbenen gelebt oder verwirklicht werden sollten, wie etwa Ansehen in der Welt zu erreichen, aber auch die Steuererklärung auszufüllen, müssen in die eigene Verantwortung zurückgenommen werden.

Ganz grundsätzlich wichtig ist weiter, daß wir herausarbeiten, welche Wesenszüge ein Mensch, den wir verloren haben, in uns belebt hat. Jeder Mensch, zu dem wir in einer Beziehung stehen, vermag Seiten in uns anzusprechen, die eben gerade nur durch diesen Menschen geweckt und belebt werden können. In einer Liebesbeziehung ist es in der Regel so, daß tief verschwiegene Seiten in uns durch den Liebespartner oder die Liebespartnerin belebt, aus uns „herausgeliebt" werden können. Was durch einen Menschen – im Guten oder im Schlechten – in uns belebt wurde, müssen wir auch dann nicht verloren geben, wenn wir die Beziehung verlieren. Durch diese von ihnen in uns belebten Seiten leben auch die Toten in uns und in unserem Leben weiter[8].

Der verstorbene Mensch wird in dieser Phase in vielfältiger Weise gesucht und gefunden, nicht zuletzt auch in Träumen, die dem Trauernden das Erlebnis vermitteln, daß der verstorbene Mensch in einer anderen Form weiterlebt.

Die Verstorbenen als eine Tatsache, mit der man zu rechnen hat[9] – so formulierte Lewis –, der verstorbene Mensch als etwas, das in unser Leben noch in einer deutlichen Weise hereinwirkt, eine Wirklichkeit, die nicht übersprungen werden kann und darf.

Durch dieses Bemühen um möglichst auch gefühlsgefüllte Erinnerung, durch die Bilder des verstorbenen Menschen, die in der Erinnerung eine eigentümliche

Deutlichkeit gewinnen, kommt es dann zu einer neuen Beziehung zu einem Menschen, der nicht mehr der konkreten Alltagswelt angehört, mit dem dieser Alltag auch nur noch in sehr beschränktem Maße geteilt werden kann.

Nicht selten wird zu Beginn dieser Phase der verstorbene Mensch auch idealisiert, die Beziehung zu ihm als sehr harmonisch erlebt. Diese Harmonie mit dem Verstorbenen kann jedoch selten länger aufrechterhalten werden; immer wieder wird im Alltag die gnadenlose Abwesenheit erlebt, die schmerzliche Abwesenheit im alltäglichen Leben, sexuelle Bedürfnisse und Bedürfnisse nach Zärtlichkeit erinnern an den Menschen, der nicht mehr da ist. Gerade in solchen Momenten wird das Erlebnis des Verlustes wieder übermächtig, der Trauernde wird wiederum von den aufbrechenden chaotischen Gefühlen überschwemmt: Die Phasen wiederholen sich, immer wieder muß man sie durchstehen, wenn immer das Gefühl des Verlustes vorherrscht, erleben Trauernde sich in der Phase der aufbrechenden chaotischen Emotionen. Mit der Zeit – und daran erweist es sich, daß auch bei diesem psychischen Prozeß das Symbol der Spirale seine Geltung hat – weiß man, daß diese Phasen der Verzweiflung und der Verlorenheit auch wieder ihr Ende finden werden, daß die Phasen des relativen Wohlbefindens auch wieder eintreten werden.

Gerade dadurch, daß immer wieder auch die Gefühle des Verlustes wiederbelebt werden, die ja auch dem konkreten Verlust entsprechen, kann sich die innere Beziehung zum Verstorbenen verändern, verändert sich auch das innere Bild des verstorbenen Menschen.

Er geht dabei nicht verloren, er gehört sogar in seiner sehr „unausweichlichen Art" zum Leben des Trauernden, aber dieser wendet sich wiederum dem Leben zu, läßt sich allenfalls auch wieder neu in Beziehungen ein.

Jetzt ist der Verlust akzeptiert. Jetzt kann und muß auch der Schmerz um den verstorbenen Menschen geopfert werden. Gelegentlich kommt es vor, daß der Schmerz an die Stelle des verstorbenen Menschen tritt. Opferte man den Schmerz, so meinen diese Menschen, vergäße man den Verstorbenen. Der Schmerz muß aber geopfert werden, man opfert damit nicht die Beziehung zum Verstorbenen, man gibt sie aber in eine zunehmende Veränderung hinein frei, und damit gibt man auch sich selbst in eine zunehmende Veränderung hinein frei.

Man versteht sich dann selbst als Menschen, der zwar einen Verlust erlitten hat, aber doch auch wieder für sich allein „ganz" sein kann. Freuden, die auftauchen, neue Interessen usw. dürfen genossen werden, müssen nicht dem Anspruch nach Aufrechterhaltung des Schmerzes geopfert werden. Die Erinnerung an das Leben mit dem verstorbenen Menschen wird immer wieder auftauchen, gehört auch zu diesem neuen Leben, aber die Erinnerung daran beherrscht nicht mehr das ganze Leben. Ein Gefühl der Dankbarkeit kann erlebt werden für die Wegstrecke, die man mit einem Menschen zurücklegen durfte, für das, was in einem durch den verstorbenen Menschen geweckt worden ist, manchmal auch ein Bedauern darüber, daß zu wenig aus der Beziehung gemacht worden ist, daß man zu vieles aufgeschoben hat auf einen späteren Zeitpunkt hin, den es nun nicht mehr gibt.

Die Beziehungen werden kostbar für Menschen, die einen Verlust erlitten haben. Geht ein Mensch nach einem Verlust, der betrauert worden ist, wiederum eine Beziehung ein, dann mit widerstreitenden Gefühlen: Dieser Mensch wird sich ganz einlassen wollen auf einen anderen Menschen; er weiß darum, daß Beziehungen endlich sein können. Andererseits besteht auch eine Angst davor, sich ganz einzulassen, denn jetzt kennt man den Preis dafür: die Gefühle des Verlustes, die Zeiten der Trauer.

Ein durchlebter Trauerprozeß gibt die Möglichkeit, daß man sich wieder sicherer fühlt, daß sich das Selbstgefühl und das Selbstwertgefühl auch wieder stabilisieren. Dabei ist daran zu denken, daß der Trauerprozeß ein spontan ablaufender Prozeß in jedem Menschen ist, wird er nicht in irgendeiner Weise gehemmt.

### *Der Unterschied von Trauer und Depression*

Von der Trauerreaktion ist die depressive Reaktion auf einen Verlust zu unterscheiden. Die Symptome auf der psychomotorischen Ebene, etwa die Bewegungshemmung und die Antriebshemmung, scheinen im Trauerprozeß und in der Depression ähnlich, ebenso die Symptome auf der psychosomatischen Ebene: In beiden Fällen kann es zu Schlafstörungen, zu Eßstörungen, zu sexuellen Störungen, aber auch zu Schwindel, zu einem Druck auf der Brust, zu einem „Klumpen im Hals", generell zu diffusen Schmerzen kommen. Die Symptome auf der psychischen und der psychosozialen Ebene unterscheiden sich hingegen: Wird in der Depression eher eine „Leere“ erlebt, die mit einem Gefühlsverlust verbunden ist oder mit der Abwehr der Gefühle, besonders der Aggression, die eigentlich vorhanden wäre, zusammenhängt, wird die Leere – oder diese Gefühllosigkeit – beim Trauernden nur in der ersten Phase der Trauer kurz erlebt, dann setzt ein Gefühlschaos ein, das die Trauernden sich sehr lebendig fühlen läßt. Auch wird im Trauerprozeß die Aggression ausgedrückt. In der Depression kreisen die Gedanken immer wieder um die Leere, man sorgt sich sozusagen um die Sorge, Selbstvorwürfe und das sich Entwerten oder das Entwerten der Welt spielen dabei eine große Rolle. Im Trauerprozeß kreisen die Gedanken um den verlorenen Menschen und um sich selbst als zurückgelassenen Menschen. So fühlt sich denn der Trauernde auch nicht von der Welt ausgestoßen und unnütz wie der Depressive, der Rückzug des Trauernden ist ein Rückzug zur Selbstbesinnung, aus dem er auch wieder auftaucht und sich der Welt wieder neu zuwendet. Das Kernproblem in der depressiven Reaktion, die herabgesetzte Selbstachtung, die Entwertung der Welt und das Suchen nach Sündenböcken, unterscheidet sich denn auch deutlich vom Kernproblem in der Trauerreaktion, das in der Erschütterung der bisherigen Identität und der Suche nach einer neuen Identität besteht.

Werden die Emotionen der Trauer abgewehrt – es geht dabei vor allem um die aufbrechenden chaotischen Emotionen –, dann kann sich daraus eine Depression ergeben. Dabei werden zunächst alle diese Gefühle, die schmerzen, die kränken, die man schlecht mit dem gewohnten Selbstbild verbinden kann – etwa heftige Aggressionen, Angst usw. –, abgewehrt, verdrängt. Diese Verdrängung vermindert die Aktivität, die Lebendigkeit, das Gefühl der Echtheit. Die Selbstachtung schwindet. Es setzt ein Rückzugszirkel ein, ohne daß damit Möglichkeiten zur Verarbeitung des Verlustes oder der damit verbundenen Kränkung vorhanden sind. Die Aggression, die nicht geäußert werden darf, wendet sich gegen das eigene Ich, was wiederum noch mehr Angst auslöst, die allenfalls zu selbstzerstörerischen Impulsen führt. Die Angst und diese selbstdestruktiven Impulse müssen wiederum verdrängt werden, und so manövriert man sich immer mehr in einen Rückzugszirkel hinein.

Die abgewehrte Trauer führt vor allem dann zu Depressionen, wenn, wie oben angeführt, die zweite Phase des Trauerprozesses mit ihren aufbrechenden chaotischen Emotionen vermieden wird; diese Verdrängung hängt nicht selten damit zusammen, daß man den Mitmenschen nicht über Gebühr zur Last fallen will, und natürlich auch damit, daß in unserer Kultur ein „mannhaftes" sich selbst Be-herr-schen als Tugend gesehen wird, auch wenn es für unsere Gesundheit wichtig wäre, diese Emotionen zuzulassen und auch auszudrükken. Es erfordert in der heutigen Welt zumindest mehr Mut.

Weiter treten als Reaktionen auf einen Verlust dann Depressionen auf, wenn der Mensch, den man verloren hat, einem den Selbstwert garantiert hat, wenn man also den Selbstwert sich fast ausschließlich von einer Beziehungsperson hat garantieren lassen und nicht aus sich selbst heraus das Gefühl eines natürlichen Selbstwerts entwickelt hat. Menschen, die sich den Selbstwert fast ausschließlich durch die Wertschätzung einer Beziehungsperson geben lassen, haben nicht selten eine depressive Persönlichkeitsstruktur. Eine depressive Persönlichkeitsstruktur zu haben bedeutet nicht, depressiv zu sein, es bedeutet aber, daß die Wahrscheinlichkeit, auf einen Verlust oder eine große Kränkung depressiv zu reagieren, höher ist als bei weniger depressiv strukturierten Menschen. Menschen mit einer depressiven Persönlichkeitsstruktur haben früh im Leben gelernt, sich den Wünschen der Mitmenschen anzupassen, haben also eine überwertige Anpassung und geben dabei die eigenen Wünsche, die eigenen Lebensentwürfe auf. Die unbewußte Erwartung ist: Wenn man tut, was die anderen von einem wollen, dann wird man geliebt. Die Realität ist: Menschen, die sich anpassen, die alles tun, um ein wenig geliebt zu werden, sind gut zu gebrauchen, man kann sie für die eigenen Zwecke nützen, man kann sie ausnützen, aber lieben wird man sie dafür nicht, allenfalls schätzen. Liebesgefühle gründen tiefer. Die Welt bekommt für einen Menschen mit einer unbewußt gebliebenen depressiven Struktur zunehmend einen Forderungscharakter: Man ist umstellt von Forderungen, von Anforderungen, denen man genügen, die man erfüllen muß. Spüren nun Menschen mit einer depressiven Persönlichkeitsstruktur, daß sie, obwohl sie alles tun, was in ihren Kräften steht – oder gar noch mehr –, nicht geliebt werden, dann werden zwar auch sie wütend auf ihre Mitmenschen. Aber sie können es sich nicht erlauben, wütend zu sein, weil sie sonst das bißchen Liebe, das sie zu erhalten meinen, zu verlieren fürchten. Also wenden sie die Wut gegen sich selbst und sagen sich: „Wenn ich mich mehr aufopfern würde, dann könnte ich vielleicht doch geliebt werden.“ Diese Schuldgefühle, verbunden mit Aggressionen gegen sich selbst, gehen mit einer massiven Selbstentwertung und einer verdeckten Entwertung der Mitmenschen einher. Ihre wirkliche Schuld besteht darin, daß diese Menschen die Verantwortung für ihr Selbstsein zu wenig übernehmen, der Anruf zum Selbstsein wird von ihnen zuwenig gehört. Auch wenn sie ganz „selbst-los“ wirken und von sich selbst oft auch sagen, daß sie in ihrem Handeln selbstlos seien nach dem Motto „für andere alles und für mich selber nichts“, so stimmt das zwar einerseits; andererseits verträgt das Leben aber soviel Selbstlosigkeit gar nicht. Die Kehrseite dieser Selbstlosigkeit ist dann oft eine große Anspruchshaltung, zum Beispiel einen für selbstverständlich gehaltenen lebenslangen Anspruch auf die Anwesenheit der Menschen, die den Selbstwert aufrechterhalten sollen oder ein nicht zu diskutierender Anspruch auf ein bestimmtes Verhalten, das doch noch Lebensqualität garantieren sollte.

Ist man so selbst-los, so fehlt das eigene „Selbst“. In einem Trauerprozeß, bei dem es darum geht, sich von einem Beziehungsselbst auf ein individuelles Selbst zurückzubesinnen, damit aber auch eine neue Identitätsbestimmung vorzunehmen, kann man sich dann folgerichtig auch nicht auf ein individuelles Selbst zurückbeziehen. Man wird depressiv. Die Chance dieser depressiven Reaktion ist dann, daß man durch einen therapeutischen Prozeß zum eigenen Selbst findet, zur Autonomie und zur Verbindung mit der eigenen Tiefe.

Mir scheint, daß bei Frauen die depressive Persönlichkeitsstruktur in der Sozialisation gefördert wird: Frauen lernen (oder lernten?), sich vor allem im Spiegel von anderen Menschen, besonders in dem der Männer natürlich, liebenswert zu finden, weniger im eigenen Blick, weniger also in einer ruhigen, kritischen Selbstakzeptanz. Sie machen sich so zu sehr von den Reaktionen der Mitwelt abhängig, sind zu sehr dahin erzogen worden, daß sie den anderen die Wünsche von den Augen ablesen können müßten, damit sie Wertschätzung erlangen. Es sind unterschwellig fatale Frauenbilder vorhanden, die uns zu wenig bewußt sind und auch zu wenig auf ihre Auswirkungen auf Beziehungen hin befragt werden. Lassen Menschen sich den Selbstwert von außen geben, statt auf ihn sich zu besinnen, ihn sich auch aus der Vitalität, aus der Kraft zur Aktivität und zur Gestaltung, aus der Kraft des Eros usw. zu holen, dann werden sie manipulierbar; sie reagieren, statt Beziehungen und Leben aktiv zu gestalten und damit mitzubestimmen.

Eine depressive Persönlichkeitsstruktur wird manchmal fast als „weiblich" hingestellt, auf alle Fälle als etwas, was durchaus vordergründig praktisch erscheint im alltäglichen Zusammenleben der Familien, wenn sie auch extrem ungesund ist für die, die sie haben und leben. So verwundert es nicht, daß Frauen häufiger auf Ablösesituationen von erwachsen werdenden Kindern, vor allem aber auch auf die damit verbundenen Kränkungen, mit Depressionen reagieren.

# Trauern im Ablöseprozeß – Ein Lebensabschnitt geht zu Ende

Ausgehend von der Voraussetzung, daß getrauert werden kann und daß ein Selbst vorhanden ist, auf das man sich zurückorganisieren kann, werde ich nun die wichtigsten Modifikationen des Trauerprozesses im Ablöseprozeß aufzeigen.

Anders als bei dem Trauerprozeß, der notwendig wird, hat man einen uns nahen Menschen durch den Tod verloren oder durch eine Scheidung, kann man bei einem Trauerprozeß anläßlich einer Ablösung viel länger in der Phase des Nicht-wahrhaben-Wollens verharren: Da macht man sich dann einfach vor, daß sich eigentlich nicht viel verändert hat. Sätze wie: „Sie ist jetzt zwar ausgezogen, aber sie ist doch ständig bei uns, eigentlich hat sich kaum etwas verändert", können darauf hinweisen, daß die große Veränderung oder die möglicherweise kleinere Veränderung in der Familiendynamik nicht wahrgenommen, sondern verdrängt wird.

Die Phase der aufbrechenden chaotischen Emotionen wirkt bei Trauerprozessen infolge Ablösungen gegen außen weniger heftig als bei anderen Trauerprozessen. Das kann eine Täuschung sein: Oft steckt in den Eltern ein großer Groll gegen Freunde und Freundinnen, die die eigenen Kinder „verdorben", sie zum Ausziehen ermuntert haben oder sie einfach lieben – was z. B. als „ausnützen" bezeichnet wird –, die – und das ist ihr Vergehen – sie auf jeden Fall den Eltern entfremdet haben. Viele Probleme zwischen Schwiegerkindern und Schwiegereltern sind der projizierten Wut und dem projizierten Schmerz zu verdanken: Man hält die Wut nicht aus, daß diese Kinder, für die man letztlich soviel getan hat, einfach weggehen, daß ein anderer Mensch soviel wichtiger wird in ihrem Leben, und wir befreien uns von dieser Wut, indem wir etwas finden an den neuen Beziehungspersonen, die unsere Wut als eine gerechtfertigte erscheinen läßt. Die Emotionen der Eltern den Kindern gegenüber muten auch ausgesprochen chaotisch an: Da will man nichts mehr von ihnen wissen, ist wütend auf sie, gleichzeitig spürt man, daß man sie noch genauso liebt wie zuvor, man blüht auf, wenn sie wieder auftauchen. Nur spricht man von diesen Gefühlen wenig, man ermuntert Eltern, die in der Ablösephase stehen, auch nicht, über ihre Gefühle zu sprechen. Manchmal verheimlichen sich sogar die Eltern gegenseitig ihre Gefühle, auch wo diese beiden eng zusammenleben. Oder die Auseinandersetzung mit der Trauer wird nach dem bekannten Muster blockiert: Eines der beiden äußert die Gefühle, äußert sie vielleicht sogar sehr expressiv, das andere versucht zu beruhigen, zu beweisen, daß das der normale Gang der Welt ist, kein Grund dafür, so „übertrieben" zu reagieren. Es ist normal, daß Kinder Eltern verlassen, aber auch wenn es normal ist, heißt das nicht, daß es nicht weh tun darf und daß dieser Schmerz nicht ausgedrückt werden darf und soll. Die Schuldgefühle spielen auch bei Trauerprozessen im Zusammenhang mit Ablösung eine große Rolle. Es geht dabei nicht nur um die Schuldgefühle, die die Adoleszenten den Eltern machen, die, weil sie sich eigentlich selber schuldig fühlen, da sie die Eltern verlassen, zur Abwehr ihrer eigenen Schuldgefühle diese auf die Eltern projizieren, so daß diese zu Sündenböcken werden und sich auch wie Sündenböcke benehmen; es geht auch um die verschwiegenen Schuldgefühle der Eltern: um dieses auch geheime Wissen darüber, daß man den einzelnen Kindern im Laufe ihres Lebens etwas schuldig geblieben ist, schuldig bleiben mußte, weil man auch nur ein Mensch ist. Es kann hilfreich sein, wenn diese geheimen Schuldgefühle, die durchaus auch einer konkreten Schuld entsprechen können, wahrgenommen und akzeptiert werden. Denn sonst verführen sie die Eltern leicht dazu, noch heftig und erfolglos zu versuchen „gutzumachen", oft zu einem falschen Zeitpunkt, oft auch am falschen Ort. Oder aber man sucht seinerseits wieder Sündenböcke, um sich von den unangenehmen Schuldgefühlen zu befreien. Und manchmal hätscheln wir bestimmte Schuldgefühle geradezu, um nicht hinsehen zu müssen, wo wir wirklich schuldig geworden sind oder es gar immer wieder werden[10].

Im Zusammenhang mit der dritten Trauerphase ist festzustellen, daß viele Eltern sehr oft an ihre Kinder denken, häufig mit großer Besorgnis. Es wäre möglich, sich daran zu erinnern, was war, einander Gelegenheit zu geben, gemeinsam Probleme aufzuarbeiten. Das ist in diesem Fall ja möglich, anders als wenn man um einen Verstorbenen trauert, wo Probleme, die in der Beziehung waren, bloß noch gesehen werden und in einer neuen Beziehung beachtet oder allenfalls vermieden werden können. Doch oft sorgt man sich still und quälend, ohne daß dieses Sich-Sorgen etwas verändern würde. Solche Besorgnis ist eine maskierte Form des Zweifels an der möglichen Selbständigkeit der Adoleszenten, wirkt sie oft geradezu destruktiv und wird von den jungen Menschen mit Recht zurückgewiesen. Es ist der Weg zu finden zwischen dem wirklichen Freilassen, das auf Vertrauen in die Fähigkeiten und Möglichkeiten der jungen Leute basiert, und einem freundlichen Interesse, das sich nicht aufdringlich gebärdet, aber doch deutlich macht, daß man immer auch noch vorhanden ist und es einem auch nicht gleichgültig ist, wie das zukünftige Leben dieser Kinder sich gestaltet.

Auch Idealisierungen tauchen in dieser Phase auf: Da werden die Gefühle der Wut über den Verlust, aber auch die Schuldgefühle zugedeckt, indem man sich selber vormacht, man hätte die idealsten Kinder der Welt hervorgebracht. Nicht selten werden dann Partnerinnen und Partner der Kinder im Gegenzug entwertet. Idealisiert man seine Kinder in grober Form – in milderer Form scheint es ein Elternsyndrom zu sein –, haben die Kinder das Gefühl, von ihren Eltern gar nicht wirklich wahrgenommen zu werden, der Ablöseprozeß kommt hier dann leicht zu einem Stillstand.

Nur selten wird Erinnerungsarbeit geleistet: Nur selten wird das Leben mit dem Kind so bedacht, daß erlebbar wird, was ein Kind durch die Jahre hindurch in uns geweckt hat, was wir nicht verloren geben müssen, was in uns weiterlebt, auch wenn das Kind, nun der oder die Adoleszente, nicht mehr mit uns lebt. Diese Erinnerungsarbeit könnte viel besser geleistet werden, wäre uns früh bewußt, daß sie eines Tages zu leisten ist. Dann nämlich könnten wir – noch während der ruhigeren Phasen – immer einmal auch dem Kind gegenüber formulieren, was es in uns belebt, es könnte sogar so etwas wie ein gemeinsames Ritual geben: Man setzt sich von Zeit zu Zeit zusammen und überlegt sich, was man in sich gegenseitig belebt, an Gutem und an Schlechtem. Das wäre dann wie eine Vorübung zu sehen auf die Zeit hin, da wirklich Abschied genommen wird, auf eine Zeit hin, in der durch die Anwesenheit des Kindes nicht mehr konstant etwas belebt wird, weil diese Anwesenheit eben keine kontinuierliche mehr ist.

Jedes Kind weckt in uns ganz spezielle Seiten, gute Seiten, schlechte Seiten: Diese Seiten können nur in der Beziehung und durch die Beziehung zu diesem ganz speziellen Kind belebt werden – sie sind kostbar. Darüber hinaus beleben Kinder in bestimmten Phasen ihres Lebens ganz bestimmte Seiten, die vergleichbar sind: Grundsätzlich stimulieren Kinder das Kindhafte in uns und die jeweils dazugehörigen Mutter- und Vaterqualitäten. So weckt der Säugling in den meisten Menschen Zärtlichkeit, eine Tendenz, zu beschützen, Geborgenheit zu vermitteln. Aber auch Gefühle des Verschmelzens mit dem kleinen Wesen werden wach, Gefühle der Symbiose, der unendlichen, nicht zu erschütternden Verbundenheit. Diese Gefühle sind verbunden mit großem Vertrauen.

Diese Gefühle, mit dem kleinen Wesen, das sich uns vertrauensvoll überläßt, zu verschmelzen, verlieren wir, wenn das Kind selbständiger wird. Wir verlieren sie aber nicht aus unserer Erinnerung, es sind Gefühle, an die wir uns erinnern können.

Durch die Jahre hindurch werden immer wieder andere Aspekte des Kindhaften durch das Leben mit dem Kind belebt: Wer würde schon z. B. als fünfunddreißigjähriger Mann sich an einen Sandhaufen setzen und hingebungsvoll spielen? Ein kleineres Kind gibt uns die Möglichkeit, diese kindhaften Seiten in uns voll zu befriedigen. Es sind nicht immer die kleinen Kinder, die am hingebungsvollsten im Sandhaufen spielen, geschweige denn später mit Autos, Eisenbahnen, Puppenherden, sondern oft ihre Eltern.

Schulkinder mit ihren vielfältigen Interessen lassen uns noch einmal eine Grundschulbildung durchmachen – und durchaus auch Neues lernen dabei. Schulkinder bringen aber auch schon neue Vorbilder in die Familie zurück – und in diesem Zusammenhang ist oft zu sehen, daß Eltern eifersüchtig reagieren auf neue Beziehungspersonen: Nicht nur geht es hier darum, daß Kinder nicht mehr einfach nur von den Eltern abhängig sind, sondern es geht darum, daß ein Kind auch andere Menschen lieben kann – ein Beweis dafür, daß ein Kind liebesfähig ist. Und liebesfähige Kinder möchten wohl alle Menschen haben. Was ist dann aber mit unserer Eifersucht? Können wir etwa nicht loslassen?

Bis etwa ins zwölfte Lebensjahr genießen die meisten Beziehungspersonen die Seiten, die in ihnen durch die Kinder geweckt werden: Es ist eine Gelegenheit, noch einmal etwas nachzuholen, was man als Kind verpaßt hat, das Kind in einem – immerhin die Grundlage für Kreativität, für Beweglichkeit, für Hingabe, für Entwicklung zu Neuem – wird belebt. Läßt man sich von seinen Kindern herausfordern, bringen sie viele Impulse ins Familienleben mit ein. Dann aber wird durch die Pubertierenden auch das Pubertierende in den Beziehungspersonen geweckt – und jetzt wird plötzlich nicht mehr so sehr die Belebung gesehen, obwohl sie durchaus da ist: Man denke daran, daß Jugendliche oft Musik nach Hause bringen, die man selbst nicht kennt und deshalb vielleicht mißtrauisch bewertet, daß sie Weltanschauungen nach Hause bringen, die man selbst mit größter Skepsis betrachtet, daß sie gerade das im Leben so attraktiv finden, was man selbst zu vermeiden versucht hat ...

Die große Ablösung in der Adoleszenz findet statt, indem die Jugendlichen Seiten der Eltern leben, die im Familiensystem verdrängt worden sind, Seiten, die nicht mit den bewußt deklarierten Werten in der Familie übereinstimmen: Sie leben den Schatten des Familiensystems, das, was nicht mit dem Ideal, das sich die Familie von sich gemacht hat, übereinstimmt. Damit ist die Möglichkeit einer Abgrenzung zu den Eltern gegeben, niemals aber einer so großen Abgrenzung, wie die Eltern fürchten und die Kinder erhoffen: Auch der Schatten gehört noch zum Familiensystem. Und was Kinder nun in dieser Phase beleben, das ist das, was Eltern ein Leben lang abgewehrt haben: Eigentlich wäre dies eine wunderbare Gelegenheit, über sich selbst mehr zu lernen, sich bewußt zu werden darüber, was man gelebt, was man verdrängt hat, sich auch zu überlegen, ob denn nicht die eine oder andere Überzeugung vielleicht doch zu eng ist, ob die eine oder andere Lebenslüge nicht doch aufgegeben werden könnte, ob man sich vielleicht nicht doch im Namen eines Ideals zuviel versagt und das dann bei anderen – unter anderem bei den eigenen Kindern – neidet.

Es braucht viel Selbsteinsicht und Ehrlichkeit, um auch in dieser Phase eine gewisse Dankbarkeit aufzubringen für das, was die Jugendlichen in uns beleben, letztlich auch für den Aufruhr im Familiensystem, den sie hervorbringen. Meistens aber wird jedoch nicht eingesehen, sondern gekämpft und geneidet. Natürlich gesteht man sich gerade den Neid nicht ein: Der Neid auf die Jungen, die mehr riskieren, als die Eltern riskiert haben, der Neid auf das Aussehen dieser jungen Leute, auf ihre Möglichkeiten in Beziehungen, in einer Zeit, die vielleicht beziehungsfreundlicher ist, aber auch der klammheimliche zähe Neid darauf, daß sie sich Dinge erlauben, die Spaß machen und die man sich im Namen irgendeines Ideals versagt hat, von dem man jetzt nicht mehr mit Sicherheit zu sagen weiß, ob es wirklich ein Ideal ist, das letztlich trägt. Man steht natürlich nicht zum Neid: Man entwertet den Neiderreger und die Neiderregerin, man kritisiert.

Aber nicht nur der Schatten der Eltern wird in der Ablösung lebendig: Auch die archetypischen Bilder, die dem Vater- und dem Mutterkomplex zugrunde liegen, werden belebt[11]. Das ist daran erkennbar, daß vermehrt religiöse Interessen auftreten, dabei können verschiedene göttliche Instanzen in den Mittelpunkt des Interesses treten. Neben die religiösen Interessen oder an ihre Stelle können auch ausgeprägte politische Interessen treten. Diese Orientierungen zeigen ja auch, daß man sich der Gesellschaft zugehörig fühlt. Sie bilden einen Halt für den erwachsen werdenden Menschen, der aus der Familie heraustritt. Sie ersetzen in einem gewissen Maße Mutter und Vater auf einer anderen Ebene. Auch in diesem Zusammenhang, wie auch beim Leben des „Schattens" der Eltern, ist eine Kompensation festzustellen: Gottesbilder, politische Ideen, philosophische Ideen usw. sind nicht einfach die von den Eltern vermittelten, es sind oft Ideen, die gerade polar ergänzen, was die Eltern an die Kinder herangetragen haben; wir haben es also mit einer Entwicklung zu tun, die Einseitigkeiten aufheben kann. Eltern sehen diese Entwicklung natürlich nicht so positiv, sie erleben vielmehr, daß ihre Werte, die sie den Kindern vermittelt haben, nicht gefragt sind, nicht tragen: Gerade wertbewußte Eltern leiden unter einem schmerzlichen Gefühl der Entwertung ihrer Werte.

Ein Lebensabschnitt geht hier ganz deutlich zu Ende. Viel Kritik, viele Machtkämpfe hängen damit zusammen, daß wir nicht wahrhaben wollen, daß ein Lebensabschnitt zu Ende geht, daß getrauert werden muß. Beziehungspersonen und sich ablösende Jugendliche müssen trauern, wobei die Jugendlichen allerdings in die Welt hinausgehen. Das Leben liegt vor ihnen, die Eltern bleiben vielleicht nicht gerade alt zurück, aber zumindest in einem mittleren Alter. Auch wenn sie in den besten Jahren sind, zeichnet sich ab, daß keine besseren nachkommen: Noch einmal Grund zu Neid, gelingt es den Eltern nicht, ins Älterwerden, in ihren neuen Lebensabschnitt einzuwilligen.

In dieser Phase wird vom Jugendlichen Trennungsverhalten gelernt: Die Trauerarbeit setzt wie von selbst ein: Jugendliche fragen nach ihrer früheren Kindheit, im gemeinsamen Gespräch kann noch einmal aufgefrischt werden, was war, kann einander gesagt werden, was belebt worden ist, was unverlierbar bleibt, kann auch gesagt werden, was gefehlt hat, was schwierig war – sicher nicht alles auf einmal, aber immer wieder.

Die vierte Phase des Trauerprozesses hat beim Ablöseprozeß ein ganz eigenes Gepräge. Der Sohn, die Tochter, von denen man sich abgelöst hat, treten nicht aus dem eigenen Leben – die Beziehung zu ihnen hat sich allerdings grundlegend verändert. Die Gefahr, den ganzen Ablöseprozeß wieder „rückgängig" machen zu wollen, ist groß, da ja beide Teile immer auch wieder in alte, lang geübte Haltungen und Verhaltensweisen zurückfallen. So ist diese Phase, die ein Leben lang anhält, durch ein Suchen nach der „richtigen" Nähe und zugleich auch der „richtigen" Distanz gezeichnet. „Richtige" Nähe und Distanz ist nicht etwas, das man ein für allemal erfassen und dann auch anwenden könnte, sie müssen flexibel den jeweiligen psychischen Bedürfnissen der Beteiligten nach Verbundenheit und nach Autonomie angepaßt werden. Es handelt sich dabei um einen sehr differenzierten Beziehungsprozeß, den man am besten bestehen kann, wenn man die Autonomie aller Beteiligten akzeptiert und respektiert und auf dieser Basis dann die Zeichen nach mehr oder weniger Kontakt, mehr oder weniger Bezogenheit „lesen" kann. Das konkrete Beziehungsverhalten wird dann ein Kompromiß zwischen den Bedürfnissen aller Beteiligten sein. Werden die autonomen Bedürfnisse aber nicht zugelassen, verweigern die einen oder die anderen die Ablösung, bleibt entweder die offene Flucht oder die heimliche Flucht. Sie kann sich zum Beispiel darin äußern, daß Eltern und Kinder immer noch – auch wenn die Zeit dafür längst vorbei ist – den ursprünglichen Familienverband aufrechterhalten. – Und die Kinder entziehen sich dann in einer heimlichen Flucht in die Krankheit, in ein Phantasieleben, das nie realisiert werden darf. Sie wandern innerlich aus[12].

# Wie Jugendliche sich von ihren Eltern trennen

Das Trennungsverhalten der Jugendlichen ist von vielen Faktoren abhängig: Jugendliche, die altersgemäß ihre Ablösungsschritte vollzogen haben und dadurch auch in ihrer Identität gefestigt sind, werden sich leichter ablösen als andere, die immer zurückgehalten worden sind oder sich selbst zurückgehalten haben. Auch hat jede Familie ein Familienmotto, das viel über den inneren Zusammenhalt und die damit erlaubte Abgrenzung aussagt. Ein Familienmotto zum Beispiel lautet: „Werdet schnell selbständig!" Diese Familien erlauben viel Trennung, bieten aber unter Umständen wenig Schutz, wenn man einmal nicht selbständig sein möchte oder kann. In anderen Familien heißt die geheime Botschaft hingegen: „Wir wollen niemals auseinandergehn ..." Auch die Form der Partnerbeziehung der Eltern hat einen Einfluß auf das Trennungsverhalten der Jugendlichen: Muß zum Beispiel ein Elternteil vor dem anderen geschützt werden, dann kann ein Kind doch nicht wirklich „gehen". Auch gesellschaftliche Werte spielen eine Rolle: Ist es gerade „in", früh selbständig zu werden, oder lebt man in einer Zeit, in der es schick ist, möglichst lange die Infrastruktur der Eltern zu benutzen? Natürlich gehören da auch Eltern dazu, die sich ausnutzen lassen – oder die sich nicht trennen können.

Kompliziert sind die Trennungsvorgänge unter anderem auch deshalb, weil wir uns ja nicht nur von den konkreten Eltern ablösen, um dann wieder neu zu ihnen weniger als ihre Kinder – die wir natürlich bleiben –, sondern als erwachsene Menschen in Beziehung zu treten. Wir müssen uns intrapsychisch auch von unseren Elternkomplexen ablösen. Unsere Elternkomplexe, die Vater- und Mutterkomplexe, entstehen aus unserem Zusammenleben mit unseren Eltern. Vater oder Mutter stoßen mit ihren Wünschen, ihren Forderungen, Ansichten usw. immer auch mit denen des kindlichen Ichs zusammen [13]. Da, wo wir immer wieder zusammenstoßen, wo es ständig Konflikte gibt, bilden sich „Komplexe", die wir dann allgemein „Vater- oder Mutterkomplexe" nennen. Sie können sehr präzis auf Kränkungssituationen und auf schwierige Beziehungssituationen hin befragt werden.

Da erinnert sich zum Beispiel ein Student mit schweren Arbeitsstörungen, daß sein Vater immer wieder, aber ihm erstmals bewußt erinnerlich, als er fünf Jahre alt war, geringschätzig Produkte von ihm, eine Zeichnung etwa, begutachtete und stereotyp sagte: „Man muß es nicht nur gerne tun, man muß es auch können." Dieser Satz, im Laufe seines Lebens in seiner Erinnerung „millionenfach" wiederholt, ist zu einem „Komplexsatz" geworden: Setzt er sich an ein Blatt Papier und es fällt ihm nicht sofort etwas ein, dann hört er seinen Vater: „Man muß es nicht nur gerne tun, man muß es auch können." Und er fühlt sich dann in seinem Ich-Bewußtsein wie dieser enttäuschte fünfjährige Bub, der das Gefühl hat, den Vater mit irgend etwas zornig gemacht zu haben. Er spürt die Selbstunsicherheit, die Angst und hat das Bedürfnis, sich endlos zu rechtfertigen, warum er überhaupt noch ein Blatt Papier vor sich habe usw. usw.

Zu unserer Ablösung von den Eltern gehört die Ablösung von den Elternkomplexen, die allerdings in der Adoleszenz mehr unbewußt erfolgt. Immerhin haben viele Vorwürfe, die an die Eltern gehen, weniger mit den Eltern, wie sie gerade in dieser Phase erlebt werden, zu tun als vielmehr mit diesen Elternkomplexen. Eltern sind dann oft erstaunt und gekränkt, daß die Kinder ihre Realität gar nicht wahrnehmen und sie nicht als die jetzt konkret lebenden Menschen mit ihren Fähigkeiten, Sorgen und Nöten erkennen. Oft erleben sie, daß auch die erwachsenen Kinder nur einen bestimmten Zug an ihnen sehen, den sie sogar in ihrer Problematik und in der problematischen Wirkung auf die Kinder durchaus erkennen können, von dem sie aber wissen, daß er niemals ihre gesamte Existenz ausmacht. Es ist denn auch wichtig für die Eltern, daß sie zwar die Vorwürfe hören, denn sie können Anstöße für mögliche Veränderungen sein. Aber sie sollten sich nicht einfach mit diesen Vorwürfen identifizieren. Kinder sehen ihre Eltern nicht ganz, und auch wenn Komplexe im Laufe des Lebens immer mehr bewußt werden, die Elternkomplexe bleiben am leichtesten projiziert. Die Eltern sind ja meistens immer noch vorhanden, und sie sind auch nicht aus ihrer Haut geschlüpft, und so kann man leicht den Eindruck haben, mit seiner Projektion richtig zu liegen. Manchmal können erst therapeutische Prozesse aufzeigen, daß alte Beziehungsprobleme immer wieder neu inszeniert werden, obwohl man nicht mehr das Kind von damals ist und auch der Vater, die Mutter nicht mehr die Menschen von damals sind.

Die Beziehung von Eltern und Kindern ist eine Beziehung, in der man sich immer wieder neu ablöst. Diesen Prozeß kann man mit dem Bild der Zwiebel veranschaulichen: Immer wieder wird die äußere Haut abgelöst – und man denkt, man sei jetzt auch abgelöst –, und dann merkt man, daß neue Phasen der Ablösung immer wieder bevorstehen und wahrgenommen werden müssen. Wir dürfen nicht vergessen, daß die Eltern ihrerseits auch wieder in ihrem eigenen Ablöseprozeß von ihren Eltern stehen. Sie sind mit großer Wahrscheinlichkeit von einem ähnlichen Trennungsverhalten bestimmt wie ihre eigenen Kinder, die sich gerade ablösen.

Dennoch ist die Ablösephase in der Adoleszenz natürlich eine besonders einschneidende, weil hier auch große Konsequenzen im sozialen Leben, die eigene Wohnung etwa, die eigene Familie, folgen.

# Die vermiedene Ablösung

*Gerda: Ein Beispiel*

Eine achtundvierzigjährige Frau, ich nenne sie Gerda, kommt in Therapie. Sie klagt darüber, daß sie keine Lebensfreude mehr hat, daß die vielen Verpflichtungen, die sie zu erfüllen hat, ihr nur lästig sind und sie eigentlich überfordern. Alles wird ihr zuviel – und alle „anderen" sind schuld daran. Dabei, meint sie, sei objektiv viel weniger Arbeit zu bewältigen als je zuvor. Auch leidet sie ständig an irgendwelchen Infekten, an Bagatellinfekten, auch an Schlaflosigkeit. Sie ist sich selber richtig eine Last geworden. „Ich habe so genug von mir selbst, ich muß auch für meine Familie schrecklich sein." Sie hat auch kein Interesse mehr an Sexualität und ist zunehmend geplagt von dem Gedanken, ihr Mann könnte sich deshalb eine Freundin suchen. Gerda ist Hausfrau und war mit Leib und Seele Mutter. Sie hat drei Kinder, die alle das Haus verlassen haben, der jüngste Sohn vor zwei Jahren. Sie hatte gehofft, daß er noch länger zu Hause wohnen bleibe, sie hätten doch ein schönes großes Haus. Freunde hätten ihn verführt, in einer Wohngemeinschaft zu leben; da gehe es weniger ordentlich zu als zu Hause. Gelegentlich lasse er sich dann seine Sachen wieder von ihr in Ordnung bringen und sein Lieblingsessen kochen. Eigentlich störe sie das, er komme, wann es ihm passe – alle Kinder hätten ja noch einen Hausschlüssel zum Elternhaus, sie habe aber keinen Hausschlüssel zu ihren neuen Wohnungen – und besonders dieser Jüngste „stelle sie für alles mögliche an". „Aber was tut man nicht alles, um seine Kinder wieder einmal zu sehen ..."

Gerda wirkt wütend, als sie das alles erzählt, spürt aber ihre Wut nicht. Sie fühlt sich alt, weiß, daß die Beziehung zu ihrem Mann jetzt wichtig wäre, aber er hat sich eingerichtet in vielen Verpflichtungen und Anforderungen – sie sieht ihn weniger denn je.

Alles ist nicht mehr, wie es einmal war – und etwas Neues ist nicht in Sicht. Die Kinder verheiraten sich nicht einmal richtig, so daß sie in nächster Zeit auch keine Enkel bekommen wird, für die sie sorgen könnte. Daran ist der Zeitgeist schuld, die Frauen, die einen Beruf lernen wollen. Sie versteht das zwar aus ihrer Lebenserfahrung heraus: Sie hat nämlich nie einen Beruf gelernt und fühlt sich jetzt deshalb etwas „nutzlos" auf dieser Welt. Es schmerzt Gerda, daß die Kinder einen Lebensstil haben, der ihrem so entgegengesetzt ist. „Ich habe soviel für meine Kinder getan, so aufmerksam habe ich sie erzogen, und jetzt benehmen sie sich, als ob sie keine Erziehung gehabt hätten." Auch schmerzt es sie, daß die Kinder den Eltern, auch ihrem Mann, ihm sogar noch mehr, so viele Vorwürfe machen.

Ihr Schmerz gipfelt in der Feststellung, daß sie sich sehr große Mühe gegeben habe, alles für ihre Kinder zu tun – ihre Kinder seien ganz im Zentrum ihres Lebens gestanden – und jetzt komme „nichts mehr zurück" außer Vorwürfen. Und manchmal spüre sie sogar eine gewisse Verachtung für sie und ihren „bürgerlichen Lebensstil". „Ihr könnt nichts außer arbeiten, ihr könnt nicht leben" – das ist einer der oft geäußerten Vorwürfe ihrer Kinder.

Gerda leidet darunter, daß ihr Mann diese Probleme zwar sieht, aber findet, das sei eine normale Phase, da müsse man einfach durch. Sie fühlt sich von niemandem verstanden: nicht von den Kindern, nicht von ihrem Mann.

Gerda leidet an einer klassischen „Empty Nest"-Depression: Sie hat ihr ganzes Leben auf die Erziehung der Kinder und auf das Familienleben ausgerichtet, jetzt, wo das „Nest" leer ist, spürt sie die Leere, weiß nicht, was sie mit sich anfangen soll. Sie sieht keinen Sinn mehr in diesem Leben und spürt so langsam, daß sie für andere immer alles getan hat und für sich selber nichts.

Jetzt rechnet sie damit, daß eigentlich etwas zurückkommen müßte. Sie wäre auch bereit, die Ansprüche der Kinder immer weiter zu erfüllen, bloß um nicht einsehen zu müssen, daß eine Phase ihres Lebens vorbei ist, daß sie sich von dieser Phase und von den Kindern ablösen muß, daß sie für den Rest ihres Lebens noch einen eigenen Lebensentwurf finden muß.

Sie selbst fragt sich, ob ihre Verstimmungen nicht etwas mit dem Klimakterium zu tun haben könnten, ihr Mann legte ihr diese Diagnose nahe, Freundinnen von ihr machten auch schon Andeutungen in dieser Richtung. Eine klimakterische Depression also – eine beliebte, aber fragwürdige Diagnose. Nun fällt oft die endgültige Ablösung von den Kindern mit dem Klimakterium zusammen.

### *Der Prozeß der Veränderung*

Zunächst wird von Gerda im Rahmen einer tiefenpsychologisch orientierten Psychotherapie wirklich das Klimakterium thematisiert. Es hänge wohl mit dem Klimakterium zusammen, daß sie so ängstlich sei, so unzufrieden, sich überlege, ob es überhaupt einen Sinn gehabt hätte, eine Familie zu haben, ob ihr Mann überhaupt ein geeigneter Partner sei für sie. „Manchmal denke ich, das kann doch unmöglich alles gewesen sein!"

Zwar spürt sie noch keine klimakterischen Veränderungen, ist also allenfalls in der präklimakterischen Phase, aber es wäre ihr mehr als recht, wenn *nur* die hormonellen Veränderungen in ihrem Körper für die Sinnleere, für die depressiven Verstimmungen verantwortlich wären. Die „Autoritäten" bieten ihr diese Erklärung ja geradezu an. Ich versuche ihr zu erklären, daß natürlich ein wesentlicher Lebensübergang anstehe, daß natürlich hormonelle Veränderungen in ihrem Körper vorgingen, aber daß bei diesem Lebensübergang verschiedene Klärungen anständen: die neue Identität als Frau, wenn die Mutterrolle endgültig ausgespielt sei, die Frage des Alters, die Frage auch, was für den Rest des Lebens jetzt für sie selbst wichtig sein könnte und der konkrete Abschied von den Kindern.

Gerda hat Angst davor, alt zu werden. Sie sieht zwischen dem Klimakterium und dem höheren Alter, in dem ihre Mutter sich befindet, die knapp achtzig ist, keinen Unterschied. Sie formuliert denn auch verschiedentlich: „Wenn das Klimakterium vorbei ist, dann werde ich sehr alt sein." Danach befragt, was „sehr alt" denn in ihrem Fall heiße, meint sie, das bedeute, kaum mehr Interesse am Leben zu haben, sexuell nicht mehr attraktiv zu sein, auch sexuell kein Interesse mehr zu haben. „Keiner wird mich mehr beachten – das ist dann einfach alles vorbei."

Indem Gerda über das Klimakterium spricht, wird sehr deutlich, wie sehr sie ihre Identität und ihren Wert als Frau daraus bezogen hat, daß sie sexuell attraktiv und fruchtbar ist, wie sehr sie auch der irrigen Annahme verhaftet ist, daß die Sexualität mit dem Klimakterium aufhört. Das Erschreckende aber ist für sie, daß sie sich nicht vorstellen kann, weiterhin in irgendeiner Weise eine attraktive Frau sein zu können.

Nachdem sie verschiedentlich von ihr bekannten attraktiven älteren Frauen geträumt hatte, die sie sowohl faszinierten als auch ängstigten, weil diese alle einen weniger konventionellen Stil lebten als sie, und nachdem sie mit einigen dieser Frauen auch Kontakt aufgenommen und mit ihnen auch darüber gesprochen hatte, wie sie das Klimakterium erlebt hatten, veränderten sich ihre Erwartungen etwas. Sie sah zwar durchaus ein, daß alle diese Frauen mit großem Ernst die nächste Lebensphase planten, auch versuchten, Verpaßtes aus ihrem Leben auf die jetzt ihnen mögliche Weise nachzuholen. Sie erlebte, daß keine von diesen Frauen das Gefühl hatte, nun wertlos zu sein, daß sich auch keine auf eine rein biologische Existenz hin bestimmen ließ. So wurde ein erstes Mal das Thema des Klimakteriums angegangen.

Im therapeutischen Gespräch fiel weiter auf, daß Gerda noch oft ihre Eltern zitierte. Sie stellte sich als „gute Tochter" dar, und sie wirkte selbst wenig abgelöst von ihren noch lebenden Eltern. Sie drückte immer wieder aus, wie dankbar sie ihren Eltern sei für alles, was sie ihr gegeben hatten. Sie besuchte ihre Eltern oft, auch wenn sie keine Lust dazu hatte, obwohl ihre Eltern noch rüstig und stolz darauf sind, ihren Haushalt noch selbst versorgen zu können. Sie besprach zu Beginn der Therapie auch noch viele ihrer Probleme mit ihren Eltern.

Ohne weitere Einzelheiten anführen zu müssen, wird deutlich, daß Gerda die jeweils altersgemäßen Ablösungsschritte ihrerseits nicht vollzogen hat. Sie wirkt noch sehr elterngebunden, zudem scheint „Wir wollen niemals auseinandergehn" das Familienmotto der Herkunftsfamilie gewesen zu sein. Ihre Herkunftsfamilie pflegt einen engen Zusammenhalt, Autonomie wird wenig geschätzt.

Diese Frau, die sich selber wenig abgelöst hat von ihren Eltern und ihrer Herkunftsfamilie hat nun ganz besondere Mühe, ihre Kinder in die Unabhängigkeit hinein freizugeben. Sie erinnert sich, daß es ihr auch schon bei den Kleinkindern sehr weh getan habe, als sie anfingen, „selber, selber" zu rufen, als sie große Freude daran hatten, sich vor ihr verstecken zu können. Sie war auch nachträglich noch froh, daß sie eigentlich eher ängstliche Kinder hatte, die sie mehr brauchten als andere, weniger ängstliche ihre Mütter brauchen. Daß die Ängstlichkeit der Kinder mit ihrer eigenen Angst vor Trennung zusammenhing, sah sie nicht.

In einer ersten Phase der Therapie kam es Gerda zum Bewußtsein, wie sehr sich ihr Leben verändert hatte. Schmerz und Wut über den Weggang der Kinder wurden lebendig, Wut auch über die unverschämten Forderungen, die diese stellten und die sie geradezu unterwürfig erfüllte. Ihr Schmerz betraf aber auch den Verlust der Mutterrolle, dieser Rolle, die ihr eine fraglose Daseinsberechtigung gegeben hatte. Bis jetzt hatte sie sich nie gefragt, ob sie eine „richtige Frau" sei, ob ihr Leben einen Sinn habe – das sei doch alles offensichtlich gewesen – und jetzt ist es eben nicht mehr. Eine neue Rolle mußte gefunden werden, das war ihr inzwischen klar. Aber welche?

In diesem Zusammenhang begann sie auch die Rolle der gehorsamen Tochter, die sie immer übernommen hatte, zu hinterfragen. Ihr wurde schmerzhaft bewußt, wie vieles sie in ihrem Leben erst gar nicht in Erwägung gezogen hatte, weil es den Eltern Kummer gemacht hätte. Diese Phantasien von einem weniger elterngefälligen Leben wurden in der Folge sehr wichtig, in ihnen kamen Lebensmöglichkeiten zum Vorschein, die zumindest zu einem Teil noch verwirklicht werden konnten.

Aber nicht nur ihre abgeklemmten Phantasien wurden ihr bewußt: Sie wurde wütend darüber, daß ihre Eltern so wenig autonomiefreundlich gewesen waren, ihre Ausbruchsversuche so gar nicht gestützt hatten. Sie blieb ihnen aber auch dankbar dafür, daß sie ihr Leben doch nicht entscheidend gehemmt hatten und ihr immer wieder ein liebevolles, sicheres Zuhause gegeben hatten.

Dankbarkeit war ein wichtiges Thema für sie. Sie konnte nun zwar einsehen, daß ihre Kinder, indem sie das Elternhaus fast fluchtartig verlassen hatten und jetzt so anders lebten als die Eltern – und auch die Großeltern –, die diesen Lebensstil auch nicht guthießen, einen für sie wichtigen Schritt der Ablösung vollzogen, oder zumindest die Voraussetzung dafür geschaffen hatten. Es erfüllte sie gelegentlich auch mit Genugtuung, daß ihre Kinder offenbar stärker waren, als sie es im gleichen Alter gewesen war. Aber sie forderte zäh und unnachgiebig, daß diese Kinder dankbar zu sein hätten. Ich versuchte mit ihr herauszuarbeiten, was die Kinder im Laufe des Lebens in ihr schon belebt, was sie ihr also bereits „gebracht" hätten. Ich wollte ihr damit deutlich machen, daß man als Mutter nicht einfach den Kindern immer nur gibt und diese dann, im Gegenzug, wenn sie groß sind, zurückgeben müssen. Denn eigentlich steht schon immer neben dem Geben ein Empfangen. Und die erwachsenen Kinder müssen nicht zuerst und zuvorderst etwas „zurückgeben". Die Lebenskraft, die man in die Beziehung mit den Kindern steckt, kann und muß nicht von ihnen zurückgegeben werden: Es liegt im Sinne des Lebens, daß sich jede Generation wieder um die nächste Generation bemüht, da die ganze Liebe, Fürsorglichkeit, Energie einsetzt, die auch für sie einmal aufgewendet worden ist.

Neben all den Plagen und Sorgen fiel ihr bald ein, wieviel Spaß ihre Kinder in ihr Leben gebracht hatten. Gerda wußte sehr wohl, was die Kinder alles in ihr geweckt hatten, jedes Kind auf seine Weise. Sie konnte lange darüber sprechen, wie der eine Sohn schon im Alter von fünf Jahren sie dazu gebracht hatte, beim Schwimmen etwas mutiger zu sein, wie der andere Sohn plötzlich leidenschaftlich anfing, sentimentale Lieder zu sammeln. Zunächst versuchte sie, ihm die Lieder zu vermiesen: das sei doch nichts für einen Jungen. Sie machte sich lustig über seine „sentimentale Ader“, doch an einem Abend verführte ihr Sohn sie dazu, mit ihm alle diese Lieder zu singen, und sie spürte, daß dadurch eine Gefühlsqualität in ihr Leben kam, die sie seit ihrer eigenen Adoleszenz nur noch verspottet hatte. Sie fühlte sich wunderbar lebendig. Diese Erinnerungsarbeit führt dazu, daß immer mehr erinnert wird, läßt man einige Erinnerungen einmal in ihrer vollen Lebendigkeit zu. Gerda trug diese Erinnerungsarbeit auch in die Familie hinein, ihr Mann ließ sich stimulieren, auch zu erinnern, kam ein Kind nach Hause, wurde es ebenfalls in die Diskussion mit einbezogen.

Gerda wußte auch, welche der in ihr belebten Züge für sie gefährlich werden konnten. So war ihr das „intellektuelle Getue“ ihrer Tochter ein Dorn im Auge. Die Tochter hatte das Gymnasium besucht und studierte dann. Sie machte das in einer selbstverständlichen, eher beiläufigen Weise, sie kochte daneben leidenschaftlich gern, interessierte sich für Hundezucht usw. Das „intellektuelle Getue“ hielt sich vermutlich in Grenzen, die Mutter erlebte es aber trotzdem als solches. Der Weg ihrer Tochter weckte in Gerda einerseits den Wunsch, auch zu studieren; sie begann sich zunächst sehr für das Studienfach ihrer Tochter zu interessieren. In der Folge wertete sie es aber immer mehr ab, samt allen Frauen, die da „herumstudieren". Sie war neidisch, geradezu zerfressen von einem nagenden Neid: Sie hätte auch gerne mehr gewußt, aber wie sollte sie es anstellen? Noch das Abitur nachzumachen, das traute sie sich nicht. Natürlich stand sie nicht zu ihrem Neid, sie machte statt dessen eine bündige Ideologie daraus: Frauen, die studieren, das sind keine richtigen Frauen. Ihre Tochter fand, so altmodisch könne man doch heute in den Ansichten gar nicht mehr sein – ob sie, die Mutter, krank sei? Überhaupt machte Gerda der Neid im Zusammenhang mit ihrer Tochter schwer zu schaffen. Es entging Gerda nicht, daß die Augen ihres Mannes wohlgefällig auf der Tochter ruhten, er machte auch Bemerkungen wie: seine Tochter erinnere ihn an sie, als er sie mit Achtzehn kennengelernt habe. Das war vermutlich von ihm lieb gemeint, wurde von ihr aber als unfairer Vergleich aufgefaßt: Deine Tochter ist jung und schön, du aber wirst langsam alt und zickig. Hätte sie ihren Mann gefragt, ob er wirklich diese Botschaft in seiner Bemerkung versteckte, hätte sie sich wahrscheinlich viel Kummer erspart. Sie wollte zwar, daß es ihre Tochter gut hatte im Leben, besser als sie, aber mußte diese Tochter sie in allem und jedem übertrumpfen? Sie ertappte sich dabei, wie sie begann, ihre Tochter zu kritisieren, wie ihr nichts mehr recht war an ihr. Das tat ihr dann wieder weh, es bewirkte zudem, daß sich die Tochter noch mehr dem Vater anschloß. Das hatte diese eh schon immer getan in ihrem Leben. Und Gerda, die von Freundinnen gehört hatte, daß Töchter auch sehr vertraute Freundinnen werden können, sah sich wieder einmal im Hintertreffen. Am meisten Neid erregte aber vor allem die Leichtigkeit, mit der ihre Tochter studierte. Gerda begann im stillen, ihren Eltern Vorwürfe zu machen, die ihr, als sie jung war, mitgeteilt hatten, daß ein Mädchen nichts lernen müsse, da es sowieso rasch heirate und Kinder bekomme. Natürlich wußte sie, daß sie damals nur zu bereit gewesen war, dieses Argument zu ihrem eigenen zu machen. Sie wußte auch, daß die Eltern es damals nicht besser wußten. Sie erinnerte sich allerdings auch daran, daß sie Freundinnen hatte, die einen Beruf gelernt hatten, zum Teil gegen den Widerstand ihrer Eltern. Diese Freundinnen waren nicht begabter gewesen als sie, vielleicht aber waren sie weniger ängstlich.

Mit den Fragen an das eigene Leben setzten ganz subtile Ablöseprozesse von ihren Eltern ein – nicht in der Art, daß sie sich jetzt mit ihren Eltern zerstritten hätte, doch sie idealisierte nicht mehr alles, was die Eltern getan und vertreten hatten und noch tun und vertreten, sie hörte nun auf, ihre Probleme mit ihnen zu besprechen.

Mit ihrem Neid kam sie jedoch schlecht zurecht. Sie war überzeugt davon, daß man nicht neidisch zu sein hat, schon gar nicht auf die eigenen Kinder. Erst als ich ihr diesen Neid deutete als Herausforderung, das Geneidete in irgendeiner Form auch noch in ihr Leben zu bringen, konnte sie sich etwas besser mit ihrem Neidproblem anfreunden. Und jetzt kam immer mehr Neiderregendes zum Vorschein. Der Neid wurde nun nicht mehr nur durch ihre Tochter ausgelöst, sondern auch durch die Söhne und durch den Ehemann. Es war primär kein zerstörerischer Neid, sondern ein schmerzlicher, der sie darauf hinwies, wie oft im Leben sie ihre Wünsche und ihre Bedürfnisse hintangestellt hatte.

Durch ihre eigenen Ablösestrategien ihren Eltern gegenüber wurde Gerda jetzt auch sensibler gegenüber den Ablöseversuchen ihrer Kinder. So verstand sie jetzt aus eigener Erfahrung, daß ein Kind, das die Eltern verläßt, Schuldgefühle hat, auch wenn dieses Verlassen durchaus im Sinne des Lebens ist.

Diese Schuldgefühle werden aber nicht als solche an- und ausgesprochen, sie werden eher abgewehrt und äußern sich darin, daß die Eltern von ihren Kindern die Rolle als Sündenböcke verpaßt bekommen. Ihnen wird alle Schuld angelastet: die Schuld für das, was sie wirklich versäumt haben, die Schuld für das, was sich alles womöglich aus einer unglücklichen Interaktion zwischen Beziehungsperson und Kind sich ergeben hat. Der präzisere Inhalt unserer Vater- oder Mutterkomplexe kommt hinzu. Den Eltern wird noch dazu die Schuld angelastet, daß die Welt nicht ideal ist, die Gesellschaft nicht so, wie sie sein könnte. Diese Schuldgefühle zeigen sich sowohl in geäußerten als auch in nicht geäußerten Vorwürfen. Diese Vorwürfe, die im Dienste der Trennung stehen, wollen den Eltern noch einmal deutlich machen, daß sie vom Idealbild, das sich die Kinder einst von ihnen gemacht haben, abweichen. Nicht selten sind diese mit großer Vehemenz vorgebrachten Vorwürfe der Versuch, die Eltern doch noch dahin zu verändern, daß sie dem Idealbild entsprechen und man sich infolgedessen dann ihrer doch nicht zu schämen brauchte. Dabei geht es aber nur vordergründig um die Eltern: Müßte man nicht Abschied nehmen vom Idealbild der Eltern, dann müßte man auch nicht Abschied nehmen vom eigenen Idealbild und könnte man auch dieses retten. Von diesen Idealbildern heißt es Abschied zu nehmen, darüber zu trauern, daß sie nicht möglich sind, sich darüber zu freuen, daß man nicht so ideal sein muß. Dadurch kann der Blick frei werden auf das konkrete Wesen, das sich im Handeln zeigt, denn das erwünschte wird letztlich nie greifbar. Oft setzt statt dessen jedoch ein gegenseitiger Erziehungsprozeß ein: Eltern wollen noch schnell und gründlich nachholen, was sie bisher versäumt haben, Jugendliche wollen sich von den Eltern erzwingen, was ihnen diese bisher vermeintlich oder wirklich schuldig geblieben sind, und sie klagen ein, wo sie sich zu kurz gekommen fühlen. Diese gegenseitigen Erziehungsversuche werden – natürlich – von beiden Seiten torpediert, und sie trüben die Beziehung meistens nicht unerheblich. Dennoch hält man an ihnen fest. Und das heißt, man löst sich nicht voneinander ab, sondern hat sich im Gegenteil fest ineinander verbissen. Würde man sich aufeinander beziehen, sich gegenseitig mehr als Menschen mit Möglichkeiten und Grenzen sehen und weniger in der Rolle als Elternteil oder als Kind, könnte man sehen, wie in diesen Erziehungsversuchen der Schmerz um die notwendige Trennung abgewehrt wird und auch die Auseinandersetzung über das, was gewesen ist.

Diese Dynamik wurde sehr deutlich sichtbar bei den Ablöseprozessen von Gerdas Kindern. Die Vorwürfe und Erziehungsversuche der Kinder an Gerda hörten schlagartig auf, als diese es einmal über sich brachte zu sagen, sie sei froh, daß ihre Kinder selbständiger seien, als sie es je gewesen sei. Und sie spüre, daß sie richtig handelten, auch wenn es sie fast umbringe. Von da an waren die Kinder weniger aufsässig, kamen öfter zu Gesprächen nach Hause und sprachen vor allem darüber, was es für sie bedeutet hatte, eine eher ängstliche Mutter zu haben und einen sehr viel weniger ängstlichen Vater.

Eine neue Problematik ergab sich, als Gerda aufhörte, auf ihre Kinder zu warten, und ihren eigenen Interessen nachging, die sie öfter auch mit ihrem Mann von zu Hause wegführten. Jetzt protestierten die Kinder: Es sei nichts mehr wie früher, es wäre kein Verlaß mehr auf die Mutter. Sie sei jetzt zwar nicht mehr depressiv, würde auch keine Vorwürfe mehr machen, auch keine unausgesprochenen, aber sie sei nicht mehr da, wenn man sie brauche, man könne sich nicht mehr auf sie verlassen. Die Kinder wollten die Phase des neuen Selbst- und Weltbezugs im Trauerprozeß ihrer Eltern torpedieren. Sie wollten sich die Mutter erhalten. Sie spürten wohl auch die Veränderung in der Ehedynamik der Eltern: Gerda hatte weniger Angst. Sie wurde selbständiger, eigenständiger und dadurch für ihren Mann auch interessanter, anregender. Dazu kam, daß Gerda gelernt hatte loszulassen, so mußte sich der Ehemann nicht mehr so krampfhaft absetzen. Die beiden entdeckten plötzlich Interessen, die sie miteinander teilen konnten. Es war vor allem Gerda, die die Sehnsüchte ihrer Jugend wieder aufleben ließ, und ihr Mann ließ sich gerne von diesen Sehnsüchten anregen. Auch gefiel es ihm sichtlich, plötzlich – wie ganz zu Beginn ihrer Beziehung – wiederum bei seiner Frau an erster Stelle zu stehen. Sie war – das gab sie selber zu – doch in erster Linie Mutter gewesen, mit ihrem Mann zusammen waren sie ein verläßliches Elternpaar, das gut funktionierte und einander auch ausgleichen konnte, aber Partnerin war sie ihrem Mann kaum gewesen, das interessierte sie am wenigsten.

Auch Gerdas Eltern waren unzufrieden. Sie fanden, ihre Tochter würde nun in mittlerem Alter doch reichlich exzentrisch und sie versuchten – und taten sich zu diesem Unterfangen auch mit den Enkeln zusammen –, Gerda auf ihre alten Verhaltensweisen hin zu verpflichten. Gerda verstand die Reaktion ihrer Eltern, weil sie ähnliches ihren Kindern gegenüber erlebt hatte. Sie wollte ihnen erklären, was vorging, die Eltern hörten sie nicht. Endlich akzeptierte sie, daß sie diese Schritte ohne den Segen ihrer Eltern machen mußte und daß das auch richtig war für sie. Sie kam sich dabei „erwachsen" vor, selbstverantwortlich. Die Vorwürfe der Kinder machten ihr mehr zu schaffen. Sie war unsicher, ob nicht manche Forderung der Kinder vielleicht berechtigt war. Und sie spürte die Versuchung, diesen Forderungen wieder nachzugeben, die alten Verhältnisse wiederherzustellen, dennoch wollte sie sich nicht auf den neu eingeschlagenen Wegen behindern lassen.

Bei den Ablöseprozessen wird von den jungen Leuten das Elternhaus sozusagen als Heimatbasis benutzt, auf die sie immer einmal wieder zurückgreifen können. Dabei folgt auf eine Trennungsphase eine Phase der

Wiederannäherung, die von Eltern und Kindern oft mißverstanden wird in dem Sinne, daß jetzt alles wieder gut ist und man weiterleben kann wie zuvor. Dieser Wiederannäherung folgt aber bald die Wiederannäherungskrise, die den nächsten Trennungsschritt einleitet. Diese Entwicklung kann wesentlich ruhiger verlaufen, wenn gewußt wird, daß dieses Auftanken zu Hause den Zweck hat, sich zu versichern, daß man geliebt und akzeptiert ist, auch wenn man die eigenen Wege geht. Das bedeutet natürlich nicht, daß die Eltern oder die Mutter sich jederzeit zur Verfügung zu halten hat. Hier kommt der Widerstand der Jugendlichen gegen die Veränderung zum Ausdruck: Zwar wollen sie, daß sich alles verändert, und doch soll zu Hause alles gleichbleiben. Die Phase, während der die Eltern ganz für einen da waren, ist mit der Ablösung endgültig vorbei, und sie muß auch vorbei sein. Es wäre daher sinnvoll, wenn auch die Jugendlichen ihre Trauerarbeit leisten könnten.

Bei Gerda wurde sehr deutlich, daß die Ablösung von der Mutterrolle Trauerarbeit notwendig macht. Sie wurde depressiv, weil sie die Gefühle der Trauer verdrängte. Als sie sich der längst fällig gewordenen Trauerarbeit stellte, gelang es ihr nicht nur, die Kinder loszulassen. Sie konnte sich von ihnen so ablösen, daß sie nicht das Gefühl hatte, beraubt worden zu sein, sondern sie lebte im Bewußtsein des reichen Lebens, das sie mit den Kindern gehabt hatte, weiter. Immer wieder einmal erlebte sie eine leise Trauer darüber, daß es jetzt eben nicht mehr so war wie früher. Sie konnte diese Veränderung jedoch akzeptieren, ohne daß sie ihren Wert als Mutter und als Frau dadurch in Frage gestellt fühlt. Sie akzeptierte auch ihre neue Lebensphase. Erste „Besorgnisarbeit“[14] im Zusammenhang mit dem Klimakterium ist geleistet. Durch den Ablöseprozeß von ihren Kindern holte sie auch die längst fällige Ablösung von den eigenen Eltern nach, ohne allerdings darin ins Extrem zu verfallen. Die Beziehung zu ihrem Mann hatte sich neu belebt.

# Die Schwierigkeiten, eine neue Identität zu finden

## *Die Bedeutung der Identität*

Durch die Trauerarbeit lösen wir uns von einem Gemeinschaftsselbst ab und besinnen uns wieder auf unser individuelles Selbst zurück. Dieses Uns-zurück-Organisieren auf das individuelle Selbst leisten wir auch in der Trauerarbeit bei der Ablösung von den Kindern. Obwohl diese in der Regel weiter mit uns in Beziehung stehen, ist ein ernsthafter Trauerprozeß zu empfehlen, da die Beziehung zu den Kindern, sind sie einmal abgelöst und haben sie die Familie verlassen, eine radikal andere ist als zuvor. Ist diese Ablösung wirklich vollzogen – und das heißt eben: betrauert worden –, so fällt es auch leichter, in den Kindern die erwachsenen Menschen zu sehen, mit denen wir neu in eine Beziehung eintreten können und die im fortgeschrittenen Alter womöglich sogar so etwas wie eine Elternfunktion für die greisen Eltern übernehmen müssen.

Um sich von einem gemeinsamen Selbst auf ein individuelles Selbst zurückorganisieren zu können, müssen wir das Bewußtsein von einem individuellen Selbst haben. Wir müssen ein Gefühl von unserer ganz eigenen Identität haben und dürfen keine abgeleitete Identität leben. Von einer abgeleiteten Identität spricht man dann, wenn sich zum Beispiel eine Frau ausschließlich in der Beziehung zum Kind oder in der Beziehung zum Mann definiert. Für ein gesundes Leben ist jedoch eine autonome Identität notwendig.

Basis unserer Identität[15] ist das Gefühl der Leiblichkeit und damit verbunden der Vitalität, das Gefühl des Lebendigseins. In diesem Gefühl wurzelt die Möglichkeit, sich als Ich aktiv einzubringen im Leben, sich letztlich selbst zu verwirklichen. Vitalität, Ichaktivität und Selbstverwirklichung bedingen einander. Zur Ichaktivität gehört im Laufe der Entwicklung immer mehr die Selbstbestimmung im Gegensatz zur Fremdbestimmung. Im Laufe unseres Lebens riskieren wir es, aktiv zu sein und – damit verbunden – uns selbst darzustellen. Darin erfahren wir unsere Grenzen mehr oder weniger schmerzlich, das bedeutet: Unser Ichkomplex – oft auch „Selbst" genannt – wird uns bewußt.

Zum Erleben der eigenen Identität gehört auch das sichere Wissen um sich selbst, um die Vorstellungen, die ich von mir habe, in Abgrenzung und in Auseinandersetzung mit Vorstellungen, die andere haben und an mich herantragen. Voraussetzung für diesen abgegrenzten Ichkomplex ist, daß sich der Ichkomplex altersgemäß aus den Elternkomplexen herausdifferenziert und dabei immer autonomer wird und daß der Mensch sich immer neuen Beziehungen und Erfahrungen aussetzt.

Diese Identitätsgrenzen sind als vorläufig und auch als durchlässig zu betrachten. Man-selber-Werden heißt immer auch, die Grenzen neu zu ziehen zwischen sich und der Welt, zwischen dem Ich und dem Unbewußten. Das Erlebnis von sicheren Grenzen erlaubt es uns, uns auch zu entgrenzen: etwa im Verschmelzen mit einem anderen Menschen, wie wir es vor allem in Liebe und Sexualität erleben; ein gewisser Ichverlust kann akzeptiert werden, weil man weiß, daß man sich wieder in die Grenzen zurückorganisieren kann.

Zum Erleben der Identität gehört die Erfahrung von Kontinuität: Das Wissen darum, daß wir – durch alle Veränderungen hindurch – auch als Werdende wir selbst bleiben. Zum Gefühl dieser Kontinuität trägt auch das Bewußtsein unserer Verbindung zu Vorfahren und Nachkommen bei. Kontinuität erfahren wir vor allem im Erleben unserer Emotionen, unsere Emotionen folgen einem biologischen Muster. Dieses Muster verändert sich zwar im Laufe eines Lebens kaum, doch können wir unseren Umgang mit unseren Emotionen verändern. Emotionen erleben wir körperlich, solche Körperempfindungen bilden die Basis des Ichkomplexes. Sie bewirken, daß wir uns in einer Kontinuität erleben und Bewußtsein von unserer Identität haben.

Zum Erleben der Identität gehört das Interesse für uns selbst, das Interesse dafür, wie wir wirken und was wir bewirken, und auch die Phantasien, die wir über uns haben. Dabei setzen wir uns ständig mit dem, was wir sein möchten, und dem, was wir sind, auseinander. Aspekte von uns, die wir in unserem Selbstbild gar nicht unterbringen können, werden verdrängt, werden zu unserem „Schatten“[16].

Zum Identitätserleben gehört wesentlich das Erleben von Autonomie: Wir werden nicht absolut autonom im Laufe eines Lebens, sondern nur immer autonomer. Die Abhängigkeiten bleiben bestehen, und es werden auch immer wieder neue entstehen. An die Stelle der Abhängigkeit treten dort, wo wir autonomer geworden sind, wo wir uns in unserer Identität immer deutlicher als uns selbst empfinden, die Selbständigkeit – und die damit verbundene Verantwortlichkeit. Wir sind dann nicht mehr nur Abkömmlinge der durch die Elternbeziehungen geprägten Situation, nicht mehr bestimmt durch „Elternsätze" und generell immer weniger bestimmt durch Ansichten von Autoritäten. Das heißt aber, daß wir es auch wagen, eigenständige Entwürfe in die Welt hineinzustellen – und uns dafür auch zu verantworten.

Steht jemand in dieser Entwicklung von Gebundenheit und Abhängigkeit zu immer mehr Autonomie *und* Beziehung, dann kann man davon sprechen, daß jemand ein eigenständiges Selbst hat. Im Jungschen Sinn bedeutet das zusätzlich, daß dieses Gefühl von Identität verwurzelt ist im Erleben einer Rückverbindung zu einem wegweisenden Prinzip in unserem Leben. Dieses wird über verschiedene Symbole an unser Bewußtsein herangetragen und steuert den Aufbau des Ichkomplexes und damit auch den sogenannten Individuationsprozeß [17].

Diese Entwicklung zur autonomen Identität wird in der Adoleszenz ganz maßgebend in die Wege geleitet durch die Ablösung von den Eltern, durch das Sich-Abgrenzen von Vater- und Mutterkomplexen.

Kommt ein Mädchen in die Adoleszenz, dann wird zunächst der Vaterkomplex in seinem allgemeinen

Aspekt aktiviert. Dieser Vaterkomplex ist natürlich immer auch dadurch überlagert, wie das Mädchen seinen Vater persönlich erlebt hat. Das heißt: Männer werden interessant, Lebensqualitäten, die im Zusammenhang mit dem Vater erlebt wurden, werden in der Projektion auf Freunde in einer neuen, etwas abgewandelten Form erlebt. Oder sie werden auf geistiges und intellektuelles Leben übertragen. Beide Sozialisationsformen sind mit einer Faszination verbunden. Diese zwei Sozialisationsformen können gemeinsam auftreten, in der Regel aber haben wir auf der einen Seite die Mädchen, die sehr früh einen Freund haben und eine Paarbeziehung leben, auf der anderen Seite die, die sich dem intellektuellen Leben verschreiben, sich in einer geistigen Welt bewegen, in der Inspiration, Religiosität, Politik oder auch einfach die Faszination des Intellekts und der Intelligenz eine große Rolle spielen. Je nach zugrundeliegendem Mutterkomplex sind diese Mädchen in dieser Phase mehr oder weniger körperfern.

In beiden Sozialisationsformen bleiben – auch dann, wenn sie miteinander verbunden werden können – die Bindungen an den Vater und an den Vaterkomplex erhalten. Die Auseinandersetzung mit dem Vaterkomplex wird vom Mädchen gar nicht gefordert, denn in der Identifikation mit dem Vaterkomplex kann es die von ihm sozial geforderte Rolle gut erfüllen: Entweder haben sie einen Freund und werden bald Hausfrau und Mutter – und sie werden nicht zu viel Eigenwillen ihrem Mann entgegenstellen –, oder sie sind in der intellektuellen Welt, meist identifiziert mit der Vaterrolle, und bewähren sich dort. Nun ist natürlich gegen beide Rollenfindungen nichts einzuwenden, wenn sie wirklich aus einem eigenen Entschluß heraus erfolgen und sie nicht einfach einem Entwicklungsstillstand entsprechen, der zur Folge hat, daß eben keine eigene Identität gesucht wird, sondern eine verschriebene Identität übernommen wird.

Es gibt immer wieder zu Erstaunen Anlaß, wie Frauen, deren Ichkomplex mit dem Vaterkomplex identifiziert ist, sehr gut wissen, wie man sich in dieser Welt benimmt, wie man zugreift usw. Wenn dann in solche Leben emotionale Einbrüche erfolgen, wie Trennungen, Ablösungen der Kinder, sind diese Frauen hilflos, fühlen sich leer, zerstört und können sich selber auch gar nicht verstehen. Sie waren doch bisher so gut mit dem Leben zurechtgekommen und auch immer so vernünftig gewesen! Wenn eine Frau sich mit ihrem Vater- und Mutterkomplex nicht auseinandergesetzt hat und der Vaterkomplex auf den Freund übertragen worden ist, kann die Frau über lange Zeit in der Rolle einer Tochter bleiben. Sie ist dann nicht die Partnerin, sondern insgeheim die Tochter ihres Mannes. Auch das ist eine Form der abgeleiteten Identität, die gesellschaftlich zunächst nicht als solche problematisiert wird, sondern eher als erwünscht gilt. Die Rollenforderung kann also quer gegen die Identitätsfindung der Frau stehen, zumindest kann sie die geforderte Rolle erfüllen, ohne eine autonome Identität suchen zu müssen. Sie fühlt sich als „richtige Frau" und muß nicht danach fragen, was das eigentlich ist, weil sie ihre Rolle erfüllt. Daß sie keine eigene Identität hat, fällt dabei nicht auf.

*Von der abgeleiteten zur autonomen Identität*

In einer Untersuchung von Bernardoni und Werder[18] wird beschrieben, daß acht von zehn Frauen, die erfolgreich an Spitzenpositionen in ihrem Beruf stehen, Akademiker als Väter hatten, die dafür sorgten, daß die Mädchen unabhängig und selbständig wurden. Der Vater war das Rollenvorbild und wurde als dynamisch, aktiv, intelligent, strebsam, liberal beschrieben. Dabei muß es sich nicht um Idealisierungen handeln, es ist denkbar, daß diese Väter so attraktiv sind, wie sie beschrieben werden, die Rolle der Mutter allerdings bleibt dann sehr unattraktiv. Die Mütter werden abgelehnt, denn diese erfolgreichen Frauen können die Passivität und die Farblosigkeit ihrer Mütter, die sich den Vätern unterwerfen, nicht akzeptieren. Die Identifikation mit dem Vater und das Verdrängen der mütterlichen Rolle hätten schon in der Adoleszenz zu Identitätsproblemen führen können. Falls sie erlebt wurden, wurden sie durch noch bessere Leistungen kompensiert. Von den Frauen, von denen diese Untersuchung handelt, könnte man sagen, sie hätten im großen und ganzen einen positiven Vaterkomplex. Sie waren meistens verheiratet, und die Untersucherinnen bemerken lakonisch, diese Ehen stünden unter noch größerem Streß als die gewöhnlichen Ehen: Die Frauen würden nach außen zumindest ihren Männern deutlich den Vortritt lassen …

Ich habe diese Untersuchung genannt, weil sie meiner Ansicht nach eine heute wichtige Sozialisationsform illustriert: die Identifikation mit der Vaterrolle – und das ist ja die attraktivere. Das heißt aber auch, daß der Ichkomplex mit dem Vaterkomplex identifiziert wird, wobei der Mutterkomplex und auch die Beziehung zur eigenen Mutter abgespalten ist beziehungsweise in den Hintergrund tritt. Ursache für diese Identifikation mit dem Vaterkomplex ist neben der Attraktivität der väterlichen Rolle, daß die Auseinandersetzung mit dem Mutterkomplex nicht stattfindet. Findet diese Auseinandersetzung aber nicht in der Adoleszenz statt, dann meistens in der Lebensmitte. Auf diesem Hintergrund entwickeln sich häufig schwere Identitätskrisen im Zusammenhang mit der Ablösung der Kinder, mit dem Klimakterium, mit Trennung ganz allgemein.

Die Auseinandersetzung mit der weiblichen Identität muß in der Adoleszenz stattfinden, sonst hat die Frau eine abgeleitete Identität, keine autonome, sondern eine von außen, etwa von geliebten Männern, oder von kollektiven Rollenerwartungen an sie herangetragene. Es fehlt die autonome Identität, eine Identität, die die spezielle Innenwelt der jeweiligen Frau mit berücksichtigt. Diese autonome Identität zu finden ist gar nicht so einfach: Wenn Frauen nach Frauenbildern suchen, die ihnen entsprechen, stellt sich oft heraus, daß es wiederum Männerbilder sind: nämlich Bilder, die Männer von Frauen geprägt haben. Es wird wohl viel Bewußtseinsarbeit von den Frauen gefordert werden, um eine nicht abgeleitete Identität zu erleben, Gefühle der Identität zu beschreiben, um nach Bildern zu suchen, die mit der inneren Verfassung übereinstimmen und nicht mit irgendwelchen Erwartungen von außen. Natürlich werden diese Frauenbilder letztlich einen Kompromiß zwischen Innen- und Außenwelt darstellen, eine Mischung sein zwischen alten Bildern, den Erwartungen von Beziehungspersonen und mit dem eigenen Bild, das mit der eigenen Innenwelt zusammenhängt.

Das scheint mir im Moment ein außerordentlich wichtiger emanzipatorischer Ansatz zu sein, wenig spektakulär, mühsam durchzuhalten – aber von größter Wichtigkeit. Die Stellung der Frau wird sich nicht grundsätzlich verbessern, solange sie sich eine eigene Identität vorenthalten läßt.

Um zu einer eigenen Identität zu finden, müssen sich Frauen mit ihren Müttern auseinandersetzen. Findet diese Auseinandersetzung in der Adoleszenz nicht statt, werden die Probleme, die mit der Mutter anstehen, in der Regel auf den Partner übertragen und erschweren die Partnerschaft zusätzlich.

### *Die Auseinandersetzung mit der Mutter*

Auch dort, wo während der Adoleszenz die Auseinandersetzung mit der Mutter stattfindet, beginnt sie mit einer Abgrenzung. Es geht zunächst um die konkrete Mutter und die Rolle, die sie im Leben gewählt hat: die Mutter verkörpert ein Modell, *gegen* das die Identität zunächst eher unbewußt konzipiert wird. In diesem Identitätsentwurf gegen die Mutter spielt wiederum der Schatten der Mutter, ihre nicht akzeptierten und nicht gelebten Seiten, eine Rolle. So pflegen zum Beispiel Töchter, deren Mütter ein eher asketisches Lebensideal haben, zu Beginn ihrer Adoleszenz einen etwas ausschweifenden Lebensstil. Sie zeigen damit ihren Müttern indirekt, was diese alles verpaßt haben. Das kann übrigens die Mütter durchaus dazu anregen, ihren eigenen Lebensstil zu überdenken. Häufiger allerdings reagieren die Mütter geschockt und ängstlich, geschockter und ängstlicher als notwendig wäre: Denn das Bild der Mutter, wie sie durch die Kindheit und Jugend hindurch erlebt wurde, ist tief in der Seele eingeprägt und verlangt früher oder später auch sein Recht. Das heißt: Leider gibt es gar nicht so viel Revolution, wie es wünschenswert wäre für die Entwicklung der Menschheit. Gelebt wird – nach der Adoleszenz – oft nicht einmal ein wirklicher Kompromiß zwischen dem, was die Eltern durch ihren Erziehungsstil geprägt haben, und ihrem Schatten, sondern ein Lebensstil, der wiederum deutlich von den bewußten Werten der Herkunftsfamilie bestimmt ist.

Zunächst aber wird als Mittel der Ablösung der Schatten gelebt: Mädchen in dieser Phase sagen sich, daß sie alles anders machen werden als die Mutter. Dieser Ausspruch weist nicht notwendigerweise auf eine schlechte Beziehung zur Mutter hin, er ist primär Ausdruck der Identitätssuche – zunächst einmal in der Abgrenzung gegen die Mutter.

Zwar hat das Mädchen dann keine wirklich eigene Position, aber sie ist erst einmal „dagegen": Das vermittelt die illusionäre Überzeugung, eine eigene Position zu haben, die allerdings dann weiterhilft, wenn hier die Suche nach einer eigenen Identität nicht aufhört. In diesem Suchen nach einem eigenen Selbstverständnis und einem daraus resultierenden Lebensstil, der jenem der Mutter entgegengesetzt ist, setzt eine Suche nach weiblichen Vorbildern ein. Verschiedene Lebensentwürfe, auch phantasierte Lebensentwürfe, die sich an Frauen orientieren, die sich als Vorbilder anbieten, können durchprobiert werden – entweder im konkreten Leben oder in der Phantasie. Dabei scheinen mir gerade die Projektionen, die auf Frauen gemacht werden, die als Vorbilder gewählt werden, von großer Bedeutung zu sein. Es können heute lebende Frauen oder auch Frauen sein, deren Biographien inzwischen immer mehr zu lesen sind und die wenig mit der eigenen konkreten Lebenssituation zu tun haben. Solche Orientierungen sind ein erster Ausdruck von Frauenbildern, die aus dem eigenen Unbewußten kommen. Sie kommen also, soweit sie nicht nur verdrängte Lebensentwürfe sind, am ehesten in die Nähe eines wirklich autonomen Frauenbildes, eines autonomen Selbstbildes, das sich natürlich auch durch die Zeiten hindurch immer wieder wandeln wird.

Nicht nur Vorbilder spielen eine große Rolle in dieser Abgrenzungsphase, die eine eigentliche Selbstfindungsphase ist, sondern auch Beziehungen zu anderen Frauen, falls die Prägung durch den Mutterkomplex das zuläßt. Ist eine Frau durch einen sehr negativen Mutterkomplex geprägt, so bedeutet dies für sie, daß Frauen – und mütterliche Frauen erst recht – nur eine Quelle der größten Enttäuschung sind und dieser Weg steht ihr dann meistens nicht offen. Die Beziehung zu anderen Frauen ermöglicht, sich selbst als Frau bewußt zu werden: Frauen sehen sich dann nicht nur mit den eigenen Augen an, sondern auch durch die Augen einer anderen Frau. Man spiegelt sich gegenseitig, nimmt sich wahr, nimmt sich an. Die Beziehung zu anderen Frauen vermittelt aber auch eine Erlebnisqualität, von der ich meine, daß sie am ehesten mit „Animaqualität“ bezeichnet werden kann: eine Atmosphäre der Verbundenheit untereinander und des dabei seelisch „Weitwerdens“, ohne daß man sich schützen muß, eine Form des erotisch Angesprochenseins, das nicht sofort die Aktion sucht, eine Faszination von weiblichen Möglichkeiten, auch Zärtlichkeiten, die einfach einmal ausprobiert werden dürfen[19]. Dabei werden unbewußte weibliche Bilder belebt und verbunden mit den jeweils speziell zu ihnen gehörenden Emotionen. Diese Gefühle haben sehr viel mit Verbundenheit – zärtlicher Verbundenheit, wilder Verbundenheit – zu tun und erschließen die verschiedenen Dimensionen des Frauseins. Ursprünglich hielt Jung „Anima“ für den weiblichen Seelenanteil im Manne, die Frau hatte statt dessen einen Animus. Das Bedürfnis der Frauen nach Anima scheint aber in der heutigen Zeit sehr groß zu sein, und es ist wesentlich zur Herauslösung aus dem Mutterkomplex. Der Austausch von Erfahrungen mit den Freundinnen, werden sie nicht bereits an die zweite Stelle gestellt, weil die Beziehung zum Freund, sozial oder auch familiär bedingt, so sehr gefördert und gefordert wird, und das emotionelle Erleben unter Freundinnen sind wichtig in der Entwicklung eines eigenen Selbstbildes. In diesem Austausch entwickeln sich Beziehungsstrukturen, in denen man sich selber nicht aufgeben muß, sondern sich selbst sein kann. Es ist Raum gegeben, differenzierte Gefühle innerhalb von Beziehungen zu leben und zu pflegen.

Aus diesem Erleben heraus kristallisiert sich ein neuer Lebensentwurf, der jetzt wiederum eine Wiederannäherung an die Mutter erlaubt: Meistens ist es eine

Auseinandersetzung mit der Mutter, die nun aber empathisch geführt wird. Die Mutter kann jetzt als eigenständige Persönlichkeit stehen gelassen werden, sie kann verstanden werden in ihrem Gewordensein. Bei dieser Wiederannäherung wird man auch feststellen, in welchen Eigenheiten man der Mutter gleicht, daß man vielleicht sogar die gleichen ärgerlichen Eigenschaften hat, mit denen man bestenfalls anders umzugehen lernen kann. Man wird jedoch bemerken, daß man trotz der Ähnlichkeiten doch ein auch ganz anderer Mensch ist. Diese Wiederannäherung müßte sich in Gesprächen äußern, in Gesprächen, in denen es der Tochter klar wird, warum die Mutter ihren Lebensentwurf gewählt hat, in denen die Mutter auch etwas davon mitbekommt, was denn der Lebensentwurf der Tochter ist. Vielleicht wird man gezwungen, mit blutendem Herzen zu akzeptieren, daß man einen Lebensentwurf hat, dem die Mutter skeptisch gegenübersteht oder den sie aus ihrer Geschichte heraus überhaupt nicht akzeptieren kann. Die Wiederannäherungskrise kristallisiert sich aus der Enttäuschung heraus, daß die frühe Beziehung zwischen der kindlichen Tochter und der Mutter, in der Mutter und Tochter vielleicht einmal ein Herz und eine Seele waren, niemals wiederherstellbar ist. Sie kann sich auch darin äußern, daß die Hoffnung enttäuscht wird, man könnte endlich doch noch eine nahe Mutter-Tochter-Beziehung aufbauen, die bisher noch nie gelungen ist, wie sie es aber offensichtlich in der Phantasie der Frauen sein soll. Bestenfalls ist eine gute, vertrauensvolle Beziehung zwischen Mutter und Tochter möglich, eine Beziehung von zwei Frauen, die sich gut kennen, sich schätzen und die akzeptieren, daß sie verschiedene Bilder vom Frausein haben.

### *Die Ablösung der Töchter von den Müttern*

Die Ablösung der Töchter von den Müttern findet in einem komplizierten, schwierigen Umfeld statt, was die jeweiligen persönlichen Probleme zwischen Mutter und Tochter noch zusätzlich erschwert.

*Mütter mit wenig Selbstbewußtsein*
Scarr berichtet in ihrem Buch „Wenn Mütter arbeiten“[20], daß Töchter von Müttern, die berufstätig sind und ihre Tätigkeit lieben, als Frauen ein besseres Selbstbewußtsein hätten. Sie seien auch dann, wenn sie sich durchaus in der väterlichen Welt bewegten, weniger bereit, sich in abhängige Positionen zu begeben. Das hieße also, daß Töchter von selbstbewußteren Müttern selbst auch schon wieder selbstbewußter sind. Es heißt umgekehrt aber auch, daß Töchter von Müttern, die ihren Selbstwert aus der Akzeptanz der Familienmitglieder beziehen, ihrerseits wieder mehr Mühe haben mit ihrem Wert als Frau. Zumal die Akzeptanz, die solchen Müttern entgegengebracht wird, in der Regel nicht *mehr* wird im Laufe der Zeit, sondern weniger – die Mutter wird kritisiert, weil man sich von ihr ablösen muß –, und dann gewöhnt man sich erfahrungsgemäß sehr schnell auch an die schönste Verwöhnung.

Nun geht es nicht nur um die Akzeptanz der Frau, vor allem der Hausfrau und Mutter durch Familienangehörige. Diese Akzeptanz ist zur Zeit der Ablösung der Kinder wahrscheinlich auf einem Tiefstand. Es geht vielmehr auch darum, daß die Frau zusätzlich in unserer Kultur immer noch entwertet wird. Es sind die groben Entwertungsstrategien, etwa wenn ein Halbwüchsiger sich mit seinem Vater verständigt, daß ja „nur die Mutter" etwas dagegen habe, ohne daß eine Korrektur vom Vater her erfolgt, von den subtilen Entwertungsstrategien zu unterscheiden. Subtile Entwertungsstrategien äußern sich zum Beispiel darin, daß selbstverständlich die Argumente eines Mannes mehr Gewicht haben als die einer Frau, daß Frauen zwar viel Arbeit verrichten dürfen, aber nicht mitreden, wenn entschieden wird, daß sowieso eher die Männer reden und dafür Aufmerksamkeit für sich beanspruchen; Frauen hört man weniger gut zu. Subtile Abwertungsstrategien äußern sich weiter in mitleidigen Blicken und in Hilfestellungen, die gar nicht notwendig sind. Frauen werden dann letztlich an ihrer erlernten Hilflosigkeit krank[21].

Und diesem heimlich, unheimlich entwerteten Geschlecht soll man dann als Mädchen angehören – das ist nicht einfach; es wird aber einfacher, wenn die eigene Mutter und die Männer in der Familie sich solcher schleichenden Entwertungen bewußt sind und auch versuchen, etwas daran zu verändern, wenn also Wachheit gegenüber dem doch immer noch vorherrschenden Frauenbild erlebbar ist.

*Die „verschlingende Mutter" – ein irreführender Ausdruck*

Immer wieder fällt in der Psychologie der Ausdruck von der „verschlingenden Mutter". Es ist verschiedenes damit gemeint: einmal Mütter, die Kinder nicht loslassen wollen, sie nicht in ihren eigenen Lebensweg hinein freigeben; dann aber auch Mutterkomplexe der Frauen und der Männer, die diese hemmen, sie zum Beispiel nicht autonom werden lassen.

Der Ausdruck „verschlingende Mutter" ist aus der Angst vor dem Mütterlichen, vor dem Weiblichen heraus geprägt worden, wie auch Christa Rohde-Dachser[22] anführt. Verschlingend – der Ausdruck suggeriert deutlich genug, daß das Weibliche gefährlich ist, und das ist dann unbewußt ein weiterer Grund dafür, es zu entwerten. Im Bereich der Tiefenpsychologie – von männlichen Psychologen geprägt – wurde der Ausdruck von der „verschlingenden Mutter" mit folgendem verbunden: Da wird etwa die Große Mutter, die archetypische Mutter, das Prinzip des Mütterlichen im Leben, das durch die verschiedenen Muttergöttinnen dargestellt wird, auch dann als „verschlingende Mutter" bezeichnet, wenn sie als Todesgöttin dargestellt ist, die das Leben, das sie zuvor in so reicher Fülle gespendet hat, wieder zurücknimmt in ihren Schoß der Erde. Geburt und Tod werden archetypisch dem weiblichen Prinzip zugeordnet, Geburt und Tod sind schon immer – wenn auch beim Tod nicht ausschließlich – durch Göttinnen symbolisiert worden. Und Frauen gebären ja die Kinder in ein Leben hinein, das das Elend, den Schmerz und den Tod kennt. Es ist aber unsinnig, dieses Lebensprinzip auf konkrete Frauen zu projizieren, ihnen letztlich anzulasten, daß es das Elend, den Schmerz, den Tod gibt. Das geschieht aber genau da, wo Begriffe wie die „verschlingende Mutter“ gedankenlos gebraucht und dann natürlich auf konkrete Frauen projiziert werden. Und damit werden sie zu „verschlingenden Müttern“, auch wenn sie vielleicht nur etwas Mühe haben, ihre Kinder ins Leben hinein freizulassen. Der Ausdruck weist – wie schon gesagt – auf die Angst vor dem Mütterlichen hin. Der Hintergrund dieser Angst vor dem Mütterlichen ist vielfältig: Es wirkt im Leben der Menschen eine mehr oder weniger begründete Angst, nicht autonom zu werden, sondern regressiv im Leben zu versumpfen, sich zum Beispiel eine gute Mutter zu suchen, die es einem ermöglicht, ein Leben lang verwöhnter Sohn zu sein. Es mag auch möglich sein, daß der durch die Liebe aktivierte Mutterkomplex zu einer großen Hörigkeit einer Frau gegenüber führen kann, aber all das ist noch kein Grund, von „verschlingenden Müttern“ in einer sehr verallgemeinernden Form zu sprechen. Von lebenspendenden Müttern ist wesentlich weniger oft die Rede. Von den vielen möglichen Formen, das Weibliche und das Mütterliche zu sehen, ist also die gefährliche Form viel weiter verbreitet; sie wird zudem unzulässigerweise auf die einzelne Frau übertragen, die, gleichzeitig als Lebensspenderin und als Todbringerin überhöht und idealisiert wird und natürlich im Gegenzug entwertet werden muß: Sie ist ja wirklich „nur“ ein Mensch – und keine Göttin. Das ist ein Aspekt der irritierenden Situation, in der sich in unserer Zeit besonders Mütter befinden; diese Situation färbt auf die ebenfalls widersprüchliche Wertschätzung der Mutterrolle ab.

Für die Frau, für das Mädchen bedeutet diese Projektion die irritierende Erkenntnis, daß mit dem Frausein etwas sehr Gefährliches verknüpft ist, zumindest etwas Ambivalentes, daß vielleicht sogar etwas Monströses an ihrem Frausein ist, das sie nicht kennen und durchschauen kann.

In diesem Zusammenhang ist nun in der letzten Zeit viel Bewußtwerdungsarbeit geleistet worden: Von Frauen werden die verschiedenen Göttinnen, nicht nur die Muttergöttinnen – und unter ihnen beileibe nicht nur die verschlingenden – , sondern auch die Liebesgöttinnen, die Göttinnen der Weisheit, die weisen Frauen[23] usw. gesichtet und beschrieben. Es ist ein großangelegter Versuch, von vielen Frauen getragen, den Frauen die archetypischen Wurzeln ihrer Existenz bewußt und liebenswert zu machen. Hier werden Bilder für das Frausein angeboten, die dann, durch die persönliche Phantasie überformt, zu Selbstbildern werden könnten. Dabei scheint es mir entscheidend wichtig zu sein, daß wir uns die Freiheit herausnehmen und uns der Mühe unterziehen, diese archetypischen Bilder durch unsere eigene Phantasie zu überformen, sie unserer Individuation gemäß zu gestalten, damit sie nicht wiederum nur von außen an uns herangetragene Selbstbilder sind.

Allen diesen Modellen der Weiblichkeit entspricht auch eine typische Beziehungsform, eine bestimmte Form der Sexualität. Aber auch hier gilt: Die Identifikation mit einem meist idealisierten, archetypischen Bild bringt uns nicht das Selbstbild, nicht die autonome Identität; erst in unserer Bearbeitung, in unserer Auseinandersetzung mit diesen archetypischen Bildern kann unser eigenes Selbstbild wachsen. Im Zusammenhang mit dem Bewußtwerden von archetypischen Frauengestalten steht auch die heute vermehrt festzustellende Sehnsucht nach weiblichen Vorbildern, die zum Teil auch abgedeckt werden durch die Frauenbiographien.

*Die Lebenslüge und die Delegationen von Lebensmöglichkeiten*

Erschwert wird die Ablösung der Tochter von der Mutter weiter auch dadurch, daß Mütter, was ihre gelebte Rolle betrifft, nicht immer ehrlich zu sein scheinen. So hört man immer wieder, daß Mütter ihren adoleszenten Töchtern vermittelt haben, daß ein Leben mit Mann und Kindern absolut erstrebenswert sei; sehr viel später stellt sich dann heraus, daß diese Mütter mit ihrem Lebensentwurf, den sie auch wieder den Töchtern empfahlen, unglücklich waren. Frauen im Alter um die Lebensmitte werfen dann auch ihren Müttern oft vor, sie hätten nicht lebbare Lebensentwürfe als attraktiv hingestellt, die ganzen Märchen mit den Prinzen, die die Mütter aufrechterhalten hätten, werden hier angeprangert.

Weiter wird von den Töchtern die Problematik der Delegationen angesprochen: Mütter, die ihr eigenes Leben nicht gelebt haben, haben die Tendenz, ihre unberücksichtigten Wünsche und Möglichkeiten auf die Töchter zu projizieren. Diese sollen dann in ihrem Leben erfüllen, was den Müttern versagt geblieben ist. So werden ungelebte Lebensmöglichkeiten an die nachfolgende Generation delegiert. Mit den einfachen Delegationen, mit denen natürlich auch Söhne zu kämpfen haben, ist verhältnismäßig einfach umzugehen, vorausgesetzt, sie werden einem bewußt und man versteht sich abzugrenzen. Problematisch wird es, wenn die Mütter Widersprüchliches äußern: zum Beispiel ihren Töchtern deutlich die Botschaft mit auf den Weg geben, daß man als Frau nur selbständig sein könne, wenn man auch das eigene Geld verdiene. Die diesbezügliche Botschaft heißt also: „Werde berufstätig!" Unterschwellig aber fallen immer auch Bemerkungen, die darauf hinweisen, daß die Mutter findet, ohne Kinder und ohne Familie sei man doch keine richtige Frau. Noch problematischer wird es, wird die Botschaft vermittelt: „Lebe nur nicht noch einmal so ein Leben, wie ich es gelebt habe, aber mache bloß nicht mehr aus dem Leben, als ich gemacht habe."

Solche Delegationen von Müttern, die aus ihrem Leben zu wenig gemacht haben, sind eine schwere Hypothek für die Töchter. Auch die ambivalenten Reaktionen auf den Lebensstil der Töchter machen es den Töchtern schwer, denn es ist ja nicht möglich, daß Frauen, die sich viel versagt haben, ohne Neid zusehen können, wie sich eine neue Generation einfach ausprobiert, zum Beispiel auf dem Bereich des Berufes, der Beziehungen, der Sexualität.

Zu diesen allgemeinen Problemen, die heute in der Ablösung zwischen Mutter und Tochter festzustellen und zu bewältigen sind, kommen dann noch die ganz persönlichen Probleme, die die beiden miteinander haben, die aus ihrer Lebensgeschichte miteinander stammen. Nicht selten werden zudem Probleme, die in der eigenen Mutter-Tochter-Beziehung ungelöst und unbewußt geblieben sind, in der nächsten Generation wiederholt.

Trotz aller dieser Schwierigkeiten: Die Ablösearbeit muß geleistet werden, soll die Tochter auch wirklich zu ihrer eigenen weiblichen Identität kommen, zu einem Selbst finden, das ihr eigenes autonomes Selbst ist, das ihr gestattet, im Laufe des Lebens immer mehr sie selbst zu werden, und das es ihr möglich macht, sich bei Trennungen, Ablösungen, Verlusten auf dieses Selbst auch wieder zurückzuorganisieren. Gründend auf einem immer mehr autonom werdenden Selbst muß sie sich auch nicht immer anderen Menschen anpassen, um sich ihren Selbstwert zu bestätigen. Sie weiß von innen heraus um ihren Wert, der vor allem darin erfahrbar ist, daß sie ist, wer sie ist, sich akzeptiert, sich selbst ernst nimmt. Gründend im eigenen Selbst kann sie eine gleichgewichtige Beziehung zu den Männern und auch zu der Welt des Männlichen aufbauen, wenn das ihr Weg ist[24].

# Ablösearbeit, wenn keine Trauerarbeit möglich scheint

Anna, zweiundfünfzig, empfindet ihr Leben als leer und öd, sie schläft schlecht, erwacht früh, sorgt sich dann um ihre Kinder, wobei es ihr nicht möglich ist, diese Sorgen präzis zu benennen: „Es könnte ihnen nicht gutgehen im Leben", „sie könnten verzweifelt sein". Befinden sie sich auf einer Reise, dann hat sie „keine ruhige Minute", bis sie wieder zu Hause sind. Ihr Mann ist selber auch sehr „angestrengt" in letzter Zeit, er hat eine verantwortungsvolle Position und sieht sich bedrängt von jungen Mitarbeitern, die ständig etwas verändern wollen. „Ihm geht es auch nicht so gut", deshalb muß Anna alles dafür tun, daß er zu Hause eine Atmosphäre vorfindet, die es ihm erlaubt, sich zu entspannen. Sie sagt ihm also nichts von ihren eigenen Schwierigkeiten.

„Er sagt auch manchmal, du hast es jetzt doch gut, nicht mehr soviel Arbeit, dir muß es doch jetzt gutgehen. Dann glaube ich es ihm auch wieder, aber es stimmt einfach nicht, es geht mir nicht gut. Ich schlafe nicht, ich komme nicht in Gang am Morgen – das ist ja klar. Ich fühle mich schlecht, ich habe den Eindruck, viel Arbeit zu haben, die ich nicht mehr bewältige – mein Mann sagt, das stimme nicht – alles ist so banal, und ich kann nichts ändern. Und jetzt sind noch diese eigentümlichen Rückenschmerzen dazugekommen, der Arzt kann nichts Organisches dafür finden, und manchmal denke ich, es tut mir sowieso einfach alles weh ..."

Anna ist zwar ständig beschäftigt, außer wenn sie stundenlang auf dem Bett liegt und sich um irgend etwas sorgt, aber sie ist nicht ausgefüllt, sie langweilt sich sogar. Sie will zwar alles tun, um ihrem Mann sein Leben zu erleichtern, aber es stellt sich dann nach längeren Gesprächen heraus, daß sie das zwar als ihre Pflicht betrachtet, daß es aber nichts bringt. Sie hat den Eindruck, daß ihr Mann alles, was sie tut, für selbstverständlich hält. Sie hört kein Lob von ihm, hingegen immer einmal wieder Bemerkungen, sie werde offenbar auch langsam alt, sie habe auch nicht mehr den Schwung, den sie einmal gehabt habe.

Daß ihre düsteren Gedanken in den frühen Morgenstunden um ihre Kinder kreisen, könnte darauf hinweisen, daß hinter dieser recht ausgeprägten depressiven Verstimmung eine Problematik mit ihren Kindern, allenfalls eine Ablöseproblematik stehen könnte. Auch scheinen sie und ihr Mann Schwierigkeiten mit dem Älterwerden zu haben, ohne diese Schwierigkeiten jedoch bewußt ins Auge zu fassen.

Auf die Ablöseproblematik angesprochen, rettet sich Anna zunächst in Tapferkeit: „Das müssen alle Eltern durchstehen." Sie habe wenigstens das Glück, daß ihre Kinder alle gut geraten seien, obwohl sie schon sagen müßte, daß „leider" sehr wenig an Zuwendung und auch an Hilfestellung von ihren Kindern „zurückkomme", aber das sei doch heute „leider" so. Das könne unmöglich der Grund ihres schlechten Allgemeinbefindens sein. Sie vermisse zwar ihre Kinder sehr, aber da müsse man darüber hinwegkommen ...

Und ob nicht vielleicht doch die Sorge um ihren Mann Ursache ihrer Schlafstörungen sein könnten? Und ob vielleicht nicht diese Sorge eine berechtigte Sorge sein könnte? Vielleicht sei ihr Mann sehr gefährdet, er könnte doch vielleicht bald sterben, sterbenskrank sein? Ich bestätigte ihr, daß man wirklich nie wissen könne, wann ein Mensch, mit dem man verbunden ist, sterben wird. Ob sie denn das Bedürfnis habe, ihn noch besonders zu verwöhnen, ihm vielleicht noch etwas zu geben, was sie ihm bis jetzt im Leben nicht gegeben habe. – Nein, das habe sie ganz und gar nicht. Sie habe eher das unabweisbare Gefühl, daß er jetzt endlich einmal etwas für sie tun könnte. Die Aggressionen auf den Mann, die sich auch in der Todesbefürchtung als abgewehrtem Todeswunsch zeigen können, waren deutlich zu spüren, als sie von ihm sprach. Auch kann man aus ihrer Argumentation heraushören, daß sie Angst hat, nicht das zu bekommen, was ihr zusteht im Leben.

Es ist typisch für Menschen mit einer betont depressiven Struktur, daß sie sich immer den anderen Menschen anpassen, diese gewöhnen sich daran, und die depressiv Strukturierten bleiben dann oft in dem, was sie für sich selbst haben möchten, nicht gesehen. Es ist von großem Vorteil, wenn Menschen mit dieser Struktur präzise formulieren, was sie sich von ihren Mitmenschen wünschen, und dabei auch riskieren, zurückgewiesen oder mißverstanden zu werden. So weit war Anna aber noch nicht: Konkret fiel ihr nichts ein, was ihr Mann für sie tun könnte oder tun sollte. Immerhin war in der gegenwärtigen Beziehung eine Quelle der Unzufriedenheit auszumachen, wobei zunächst unklar blieb, ob Anna allenfalls die Wut, die sie auf ihre erwachsenen Kinder hatte, von denen ihrer Wahrnehmung nach auch nichts zurückkam, auf ihren Mann projizierte.

Ich versuchte mit ihr die Trauerarbeit zu initiieren, indem ich sie bat, sich zu erinnern, was die verschiedenen Kinder – sie hatte zwei Mädchen und einen Jungen – in ihr belebt hätten. Sie erzählte mir stundenlang von ihren Kindern, wie sie gewesen waren, was sie angestellt hatten, nichts aber davon, was die Kinder in ihr geweckt hatten. Immer deutlicher wurde: Sie hatte die wunderbarsten Kinder der Welt gehabt, und jetzt waren sie mit anderen Menschen zusammen, die sie verdorben hatten, und deshalb durfte man nichts mehr von ihnen verlangen. Sie waren für sie eigentlich verloren. So erzählte sie etwa, ihr Sohn käme bestimmt gerne öfter zu ihr – er besucht sie in der Woche etwa zweimal, seit sie sich eher kränklich fühlt auch dreimal –, aber seine Freundin habe bestimmt etwas dagegen. Sie hat diese Überzeugung nie nachgeprüft, sie ist aber sicher, daß es sich so verhält, wie sie es sich denkt.

Die Aggression, von der sie angesichts der veränderten Lebensumstände erfaßt ist, wird auf andere, außerhalb des Familiensystems stehende Menschen gerichtet. Diese werden dadurch zu Feinden, von denen sie sich ihrerseits zunehmend bedroht fühlt, so daß sie mehr und mehr Angst entwickelt. Daß sie sich in der neuen Lebenssituation schlecht fühlen muß, wird immer nachfühlbarer, je länger sie erzählt. Auch wenn man in Betracht zieht, daß ihre Schilderungen grob idealisierend waren, damit natürlich auch zeigten, wie sehr sie ihre Wut abwehren mußte, die sie ihrer Ansicht nach nicht haben durfte, blieb doch der Eindruck, daß das Leben mit den Kindern und als Hausfrau sie voll erfüllt hatte. Ihr Mann und sie schienen beide begeisterte Eltern gewesen zu sein, und die erwachsen gewordenen Kinder dankten es ihnen durchaus auf ihre Weise: Sie luden sie zu ihren Festen ein, eine Tochter verabredete sich zum Beispiel alle vierzehn Tage zu einer mehrstündigen Wanderung mit ihrer Mutter. Von außen gesehen, kam durchaus viel zurück von diesen Kindern. Das konnte Anna aber nicht so sehen. Es sollte alles so sein, wie es früher einmal gewesen war – alles andere war zuwenig.

Anna war auch gekränkt, daß sie solche Schwierigkeiten hatte. Zwar räumte sie ein, sie sei gesundheitlich in den letzten Jahren schon nicht mehr die gleiche gewesen wie früher, nämlich robust, fröhlich, nicht so rasch umzuhauen, aber das habe wohl mit dem Klimakterium zu tun. Jetzt sei sie „da durch", aber jetzt gehe es ihr schlechter als je zuvor.

Sie erzählt eine geradlinige – und wie mir scheint, für eine Frau typische – Anamnese. Sie war die zweitälteste Tochter, das zweite Mädchen einer Familie mit sechs Kindern; nach Anna folgten in der Geschwisterreihe ausschließlich Jungen. Der Vater war „ein starker Mensch", er bestimmte, was zu Hause Sache war, da herrschte Ordnung. Die Mutter war eher still, im späteren Leben leidend, opferte sie sich für die Familie auf und starb im Alter von vierundsechzig Jahren. Die Mutter nahm man in der Familie immer erst dann wahr, wenn sie ausfiel, wenn sie krank war. Dann wurde auch deutlich, welch enormes Arbeitspensum sie bewältigte.

In der Identifikation mit ihr lernten die Mädchen, für „die Männer dazusein". Anna erzählte das mit Stolz, wie auch davon, wie geschickt sie alle drei im Haushalt waren und wie gern sie diese Arbeit gemacht hatten. Jetzt – im nachhinein – denke sie allerdings oft an die Mutter und frage sich, ob sie denn nicht auch einmal andere Wünsche gehabt hätte und ob sie nicht auch sehr gedrückt gewesen sei. Aber der Vater habe zum Ausdruck gebracht, daß es in dieser Familie allen gutgehe – also ging es allen auch gut. Anna lernte keinen Beruf, sie ging in die französischsprachige Schweiz und arbeitete dort in einem Haushalt. Dabei lernte sie ihren Mann kennen, der in einer Pension lebte, weil er dort eine Schule besuchte. „Er kannte sich im Leben fast so gut aus wie mein Vater, und er gefiel mir ausgesprochen gut, er war fröhlich und auch ein wenig übermütiger als mein Vater." Die Eltern von Anna bestanden dann aber darauf, daß sie erst mit neunzehn Jahren heiraten durfte, sie war siebzehn, als sie ihren Mann kennenlernte. Ihr Mann lernte in der Zwischenzeit Englisch in England, sie ging zurück zu ihren Eltern und half der Mutter bei der vielen Arbeit und kümmerte sich um ihre Wäscheaussteuer.

Nach der Hochzeit zogen die beiden in eine benachbarte Stadt, sie hatte die erste eigene Wohnung – und sie fand das herrlich. Bald war sie schwanger – und sie fand das wunderbar. Zwischen den Geburten der drei Kinder waren dann aber doch große Zeitspannen, was sie nicht geplant hatten. Anna hatte zunehmend mehr Schwierigkeiten, schwanger zu werden. Deshalb war dann die Freude um so größer, als sie acht Jahre nach der Geburt der zweiten Tochter mit zweiunddreißig Jahren doch noch einmal schwanger wurde. Danach ging ihr Interesse am Sexualleben stark zurück, sie war nun mit Leib und Seele Mutter für diese Kinder, und ihr Mann schien ein ebenso begeisterter Vater zu sein.

Erst nach längerer Zeit erwähnte sie, daß sie verschiedentlich „Abgänge“ gehabt habe, meistens kurz nach Beginn der Schwangerschaft, etwa im zweiten Monat. Sie konnte sich nicht festlegen auf eine Zahl dieser Abgänge, fand sie weiter auch nicht wichtig, denn „das“ komme eben vor. Dennoch wurde im Lauf der therapeutischen Gespräche deutlich, daß sie diese Abgänge nur schwer verkraftet hatte, daß sie sich dann ab und zu heimlich fragte, ob sie wohl eine richtige Frau sei. Ihr Mann habe ihr dann immer wieder bestätigt, daß sie eine wundervolle Frau sei, und dann war die Beunruhigung wieder gebannt.

Bei dieser Lebensgeschichte fällt auf, daß eine konkrete Übertragung des Vaters auf den Ehemann stattgefunden hat, Anna ist sozusagen aus der Hand des Vaters in die Hand des Ehemannes gegeben worden, den sie allerdings sehr gern mochte. War ihre Mutter schon eine verhältnismäßig blasse, wenn auch sehr hilfreiche Gestalt in ihrer Herkunftsfamilie gewesen, so ist zumindest eine Identifikation mit der Mutter auszumachen, indem Anna nach dem Modell der Mutter lebte und alles so machte, wie es die Mutter auch gemacht hätte. „Meine Mutter war eine tüchtige Frau, ich habe eigentlich alles von ihr gelernt, und ich mache hoffentlich meinen Haushalt so gut, wie sie ihn gemacht hat.“

Es hat also weder eine Auseinandersetzung mit dem Vater noch mit der Mutter, weder mit dem Vaterkomplex noch mit dem Mutterkomplex stattgefunden. Anna lebt in der unbewußten Identifikation mit der Mutter einerseits, mit der Rolle als Mutter und Hausfrau andererseits. Sie konnte nur ein wenig autonomes Selbst entwickeln. Jetzt zwingt sie das Leben aber, daß sie sich eine neue Identität erarbeitet, vielleicht zum erstenmal eine nicht abgeleitete Identität, sie muß sich von der Rollenidentität, die bis jetzt ihre Identität war, trennen und sich auf ihr individuelles Selbst zurückorganisieren. Dieses gibt es aber nicht – zunächst. Es ist Anna immer als wertvoll dargestellt worden, für andere Menschen dazusein, für andere zu sorgen, anderen die Wünsche zu erfüllen. Sie konnte denn auch nie begreifen, was denn Frauen in ihrem Alter immer für „Identitätsprobleme" hatten, warum sie mit der Frauenrolle so unzufrieden waren. Sie erklärte sich die Unruhe und Unzufriedenheit ihrer Altersgenossinnen damit, daß diese eben schlechte Ehen hätten, mißratene Kinder, und deshalb nicht ausgelastet seien. Es beschäftigt sie allerdings sehr, daß ihre beiden Töchter nicht verheiratet sind, sehr schlecht über die Ehe sprechen, sich also nicht mehr mit ihr und ihrem Rollenverständnis identifizieren, sondern sich deutlich absetzen. Sie fragen immer wieder einmal die Mutter, ob sie denn zufrieden sei mit ihrem Leben. Auch sind ihre beiden Töchter mit Freude und großem Engagement berufstätig und in verantwortungsvollen Stellungen. „Sie sind halt mehr beeinflußt von ihrem Vater. Mir sind sie ein wenig fremd."

Es ist deutlich, daß die depressive Verstimmung mit

der Notwendigkeit der Ablösung zusammenhängt, nicht nur von den Kindern, sondern auch von der Rolle als Mutter. Allerdings war es für Anna zunächst nicht möglich, die Trauerarbeit zu leisten, weil ja kein eigentliches Selbst vorhanden war, auf das sie sich hätte zurückziehen und von dem aus sie sich neu ins Leben hinein hätte entwerfen können. Am liebsten wäre es ihr gewesen, hätte ich ihr gesagt, was sie nun zu tun habe, wie es weitergehen solle mit ihr.

In einer Jungschen Therapie werden anhand von Symbolen, die sich in Träumen, Imaginationen usw. äußern[25], Impulse zur Selbstwerdung, die aus der eigenen Psyche stammen, aufgenommen. Sie führen, werden sie gefühlt, bedacht und integriert, zu einer beharrlichen Annäherung an sich selbst. In langwieriger, sorgfältiger Arbeit wird so, und indem man auch zusätzlich sorgfältig beachtet, was in der Beziehung zwischen Analytikerin und Analysandin geschieht, eine Identität aufgebaut, die keine abgeleitete mehr ist. Selbstverständlich ergeben sich dadurch große Konflikte zwischen den Ansprüchen von außen, hier von Ehemann und Sohn (vor allem auch den vermeintlichen Ansprüchen von außen), und den Ansprüchen von innen.

So war Anna zum Beispiel immer noch überzeugt, daß sie sich um ihren Mann sehr kümmern müsse, wobei nie sehr deutlich wurde, was das eigentlich hieß. Zu dieser Überzeugung stand kontrastierend ein Traum, in dem sie ihren Mann liebevoll umarmte, er aber nach Luft japste und vorwurfsvoll sagte, sie lasse ihm ja keine Luft zum Atmen.

In der imaginativen Ausarbeitung dieses Traumteils, in der sich die Träumerin noch einmal in entspanntem Zustand ganz den Traumbildern überließ und auch zuließ, daß sich die Bilder verändern, und darüber dann sprach[26], sah sie sich, wie sie den Mann wirklich vor „lauter Liebe" erdrückte. Sie fragte sich dann hinterher, ob das eigentlich noch Liebe sei, ob das nicht eher der Ausdruck von Haß sein könnte. Wir verstanden diesen Haß als Ausdruck dafür, daß sie zuwenig Trennendes zwischen sich und ihrem Mann zuließ. Aggressionen in Beziehungen stehen im Dienste der zunächst kleineren Trennungen in der Beziehung, die uns auch innerhalb der Beziehung erlauben, uns abzugrenzen, weniger das Beziehungsselbst als das individuelle Selbst zu pflegen. Haß heißt dann allerdings, daß wir nur mühevoll uns abgrenzen, uns oft zu lange nicht abgegrenzt haben.

Anna träumte weiter von Frauen, in ihrem Alter und älter, die in Paris wohnten und ein elegantes Französisch sprachen. Diese Träume lösten eine große Sehnsucht in ihr aus, sich auch einmal so selbstsicher in Paris bewegen zu können wie diese Frauen in ihren Träumen. Es ging aber dabei nicht nur um das elegante Französisch – Französisch hatte sie ja in ihrer Adoleszenz gelernt, wenn unterdessen auch wieder ziemlich vergessen –, es ging auch um erotische Phantasien: Was könnte man als alleinstehende ältere Frau, die nicht mehr schwanger werden kann, alles in Paris erleben? Ihre Töchter, die ein aufregendes erotisches Leben lebten, ohne ihr je etwas Genaues darüber zu sagen, was natürlich die Phantasie der Mutter noch zusätzlich anregte, stimulierten Bilder des Frauseins, die ihr zugleich faszinierend wie auch verwerflich vorkamen.

Das waren Bilder der Öffnung, die eine neue mögliche Zukunft zeigten. Diese Bilder standen solchen gegenüber, in denen sie vor Autoritäten stand, vor allem vor älteren Männern, die ihr Vorwürfe machten oder die sie einfach mit Brachialgewalt festhielten, wollte sie zum Beispiel in einem Traum einmal wirklich in den Zug nach Paris steigen.

Mit solchen Träumen korrespondierte das Lebensgefühl, daß es unsinnig sei, in ihrem Alter noch irgend etwas verändern zu wollen, daß sie besser alles beim alten belasse.

In der Folge solcher resignativer Überzeugungen wurde sie wieder depressiver und fand, sie wolle sich diesem sich anbahnenden Wandlungsprozeß doch nicht widersetzen, lieber die damit verbundene Angst aushalten. Die Beziehung zu ihrem Mann hatte sich in der Zwischenzeit deutlich verändert. Sie konnte Wünsche formulieren, und er war etwas erstaunt darüber, daß sie plötzlich Wünsche hatte, auch auf sexuellem Gebiet; er ließ sich gutmütig auf diese Wünsche ein und fand, ihre Beziehung sei schöner geworden. Als sie zu lernen begann, eigene Wünsche einzubringen, war Anna von großer Angst geplagt: Was würde geschehen, wenn ihr Mann auf ihre Wünsche nicht einging, wenn er sie zurückstoßen, wenn er sie gar verlassen würde? Daß sie viel näher daran war, ihn zu verlassen, als er sie, merkte sie erst sehr viel später, als sie sich zugestehen konnte, daß die Idealisierung ihres Mannes die letzte Schutzwand war, um die ganze Beziehung nicht als total unbefriedigend erklären zu müssen.

Ich kann hier natürlich nur einige wenige Aspekte des langwierigen therapeutischen Prozesses schildern. Nach etwa zwei Jahren Therapie mehrten sich Träume, in denen sie immer einmal einem jungen Mann, den sie im Traum nicht erkannte, schmutziges Waschwasser über den Kopf goß, ihn in seinem Auto einschloß und hämisch grinsend den Schlüssel in einen See warf, ja einmal ihn sogar erschoß.

Wir verstanden diese Träume zunächst einmal subjektstufig, das heißt, wir betrachteten den jungen Mann als einen Persönlichkeitszug von ihr, den sie in vielfältiger Weise daran hinderte, in ihrem Leben aktiv zu werden. Sie phantasierte, daß der junge Mann aggressiv sei, ein böser Mann, ein Revolutionär zum Beispiel, der die alte Ordnung stürzen würde. Wir verstanden, daß dieses Revolutionäre, das in ihrer Persönlichkeit unterdessen doch schon recht aktiv war, durchaus den Kinderschuhen entwachsen, ihr große Angst machte: Grundsätzlich ängstigten sie ihre aggressiven Seiten, die sie immer mehr spürte, immer weniger verdrängen und auf andere Menschen projizieren konnte.

Beiläufig erwähnte sie, dieser junge Mann trage die Turnschuhe ihres Sohnes. Diese Turnschuhe waren ein Grund des Ärgers zwischen Mutter und Sohn: Die Mutter fand, ein erwachsener Mann trage keine Turnschuhe, der Sohn fand, eine Mutter habe einem erwachsenen Sohn nicht mehr vorzuschreiben, welche Schuhe er tragen solle. Durch die Erkenntnis, daß der junge Mann Turnschuhe trug wie ihr Sohn, erschloß sich ihr ihre große Wut, die sie auf ihren Sohn hatte, ihre Wut darüber, daß er so früh von zu Hause ausgezogen war und mit seiner Freundin zusammenlebte, ihr Zorn über viele Eigenschaften, die er hatte und die ihr gründlich mißfielen und die sie zuvor nie angesprochen hatte.

Auch in der Beziehung zu mir war plötzlich eine große Wut zu spüren, eine sonderbar unpersönliche Wut. Ich wurde plötzlich und fast ausschließlich als Vertreterin einer Frauengeneration gesehen, die „einfach" einen Beruf erlernt hatte, sich eigenes Geld verdiente, unabhängig war, selbstverständlich keine Suppe kochen konnte, die Hausfrauen aber verachtete. Ich versuchte ihr immer wieder mitzuteilen, daß ich ihre Wut verstehen könne: Es gäbe verschiedene Wege, die Frauen einschlagen könnten, das sähe sie ja auch an ihren Töchtern, und es könne einen mit Wut erfüllen, wenn man eine Vertreterin eines Weges vor sich habe, den man auch gerne eingeschlagen hätte, aber aus irgendeinem Grund nicht gegangen sei. Ich sagte ihr aber auch, daß ich keine Gefühle der Verachtung hege für eine Frau, die Hausfrau und Mutter sei. Sie erlebte nicht nur das grundsätzliche Problem der verschiedenen Lebenswege, die für Frauen möglich sind – und die nicht eingeschlagenen Wege sind natürlich zu einem bestimmten Zeitpunkt immer die attraktiveren –, sie übertrug zusätzlich auch die Wut auf ihre Töchter auf mich.

Und mit dem Erleben der Wut waren wir mitten im Ablöseprozeß von den zum Teil ja schon sehr erwachsenen Kindern: Plötzlich nahm sie wahr, daß die Wut sich nicht so sehr auf die Turnschuhe bezogen, sondern eher darauf, daß der Sohn sich sozusagen auf leisen Sohlen aus ihrer Obhut und ihrer Kontrolle geschlichen hatte. Jetzt konnte sie plötzlich die ganze Trauer darüber zulassen, daß die alten Zustände nie mehr wiederherzustellen sind, daß ein Lebensabschnitt endgültig vorbei war. Jetzt konnte sie auch wirklich Trauerarbeit leisten, jetzt verstand sie, daß Kinder in uns etwas wecken, das wir nicht verlieren, vorausgesetzt, wir geben es nicht verloren, wenn die Kinder weggehen. In diese Erinnerungsarbeit bezog sie nun ihren Mann mit ein, der seinerseits feststellte, daß er, nachdem er sich die Substanz der Beziehung zu seinen Kindern ins Bewußtsein zurückgeholt hatte, mit ihnen viel entspannter umgehen konnte. Auch er konnte sich nun eingestehen, daß ein Lebensabschnitt vorbei war und daß er und seine Frau sich langsam aufs Alter einrichten müßten. Die Ablösung von den Kindern ist nicht nur für die Mütter schwierig, sie ist es auch für die Väter.

An diesem Beispiel wird deutlich, daß Trauerarbeit nur dann geleistet werden kann, wenn ein individuelles Selbst vorhanden ist, auf das man sich zurückorganisieren kann. Frauen mit einer abgeleiteten Identität – und das meint meistens immer noch eine Rollenidentität, die von der Gesellschaft als wünschenswert hingestellt wird – sind häufig depressiv strukturiert. Sie leben ein Leben für andere Menschen, erwarten Bestätigung und Wertschätzung vor allem von den anderen, sie sehen sich fast ausschließlich im Spiegel der anderen Menschen und spüren nicht, daß das manchmal „Zerrspiegel" sind. Sie haben Schwierigkeiten, Trauerprozesse zu bewältigen, besonders den Trauerprozeß bei der Ablösung von den Kindern, weil damit eine erlebte Identitätsproblematik verknüpft ist: die Mutterrolle hat ihren Inhalt und ihr Ziel verloren.

Therapeutisch ist es dann auch nicht möglich, diesen Trauerprozeß so einfach zu initiieren, wie es bei Menschen mit einer hinreichenden eigenen Identität möglich ist. Es muß zunächst an der Entwicklung der eigenen Identität gearbeitet werden, erst dann kann die eigentliche Ablösung erfolgen.

# Probleme der Ablösung von berufstätigen Müttern

Nach diesen Beispielen könnte der Eindruck entstehen, daß nur Frauen, die Hausfrauen und Mütter sind, Mühe damit haben, sich von ihren Kindern abzulösen. Wahrscheinlich haben sie damit mehr Mühe, weil ihr Leben dadurch radikaler in eine Veränderung hineingestellt wird als bei einer berufstätigen Frau. Denn bei ihr ist der zentrale Lebensbereich betroffen, und daneben existiert kein anderer, möglicherweise ebenso wichtiger oder fast so wichtiger. Vielleicht steht für sie sogar die Pflege der alternden Eltern an, eine Arbeit, die mit großem körperlichem und seelischem Aufwand verbunden ist und wenig Raum und Energie läßt, sich einen selbstgewählten, für das eigene Leben wesentlichen Bereich aufzubauen, der für die Zeit, die noch bleibt, wirklich zur Erfüllung beitragen könnte.

Aber Ablöseprozesse von den Kindern sind nicht nur deshalb schmerzhaft, weil eine Lebensphase vorbeigeht, weil ein zentraler Lebensinhalt plötzlich nicht mehr trägt, man zudem mehr oder weniger im Alter des beginnenden Klimakteriums steht und sich die Frage des eigenen Frauseins deutlich stellt, da man sich spätestens in dieser Phase nicht mehr einfach aus den biologischen Gegebenheiten heraus definieren und den Selbstwert daraus beziehen kann, daß man sexuell attraktiv und fruchtbar ist. Sie sind auch deshalb schmerzhaft, weil man konkrete Beziehungsmöglichkeiten im kleinen Beziehungsalltag verliert, die zuvor fraglos gelebt wurden. Auseinandersetzung, Belebung, Ärger, Zärtlichkeit, die dynamische Energie der jugendlichen Menschen fehlen. Man kann es drehen, wie man will, man verliert etwas, das einem in der Regel viel bedeutet hat, und die Freiheit, die man nun gewinnt, ist kein vollwertiger Ersatz dafür. Auch wenn Frauen in einem Beruf stehen, wenn sie nicht allein auf die Kinder und den Partner bezogen waren, ist der Verlust nicht wegzuleugnen und wiegt trotz anderer Verpflichtungen und Interessen schwer. Anders als die Frauen, die vor allem Hausfrauen und Mütter sind, können berufstätige Frauen, ähnlich wie die Väter, diesen Verlust allerdings besser verdrängen, können sie sich in ihr berufliches Leben stürzen und sich zunächst einmal vormachen, sie genössen die weniger gewordenen Verpflichtungen zu Hause. Doch eine Wirkung wird aber dieser Ablöseprozeß auch auf sie haben. Mehr als die Frage der Berufstätigkeit ist für die Bewältigung des Trauerprozesses bei der Ablösung die Frage nach der eigenen, nicht abgeleiteten Identität zentral – und die Frage, ob man Veränderungen in der Identität auch zulassen kann, ob man den Anruf des Lebens zur Wandlung hören und aufnehmen kann.

Angela hat eine eigene Boutique, auf die sie sehr stolz ist. Sie war seit ihrer Heirat immer in dieser Boutique teilzeitbeschäftigt, und sie übernahm sie, als ihr jüngeres Kind, eine Tochter, vierzehn Jahre war. Zum Zeitpunkt, als sie in die Therapie kam, war ihre Tochter zweiundzwanzig und schon seit Jahren außer Haus. Angela, jetzt fünfundvierzig, verstand sich selbst nicht: Sie fand sich in der letzten Zeit so unausgeglichen, so unzufrieden, sie war plötzlich mit der Beziehung zu ihrem Mann nicht mehr einverstanden, obwohl sie sich ihrer Ansicht nach eigentlich doch ganz gut „zusammengerauft" hatten und Angela bis vor kurzem meinte, daß sie eigentlich sehr gut miteinander leben könnten, zwar nicht so sehr als Liebespaar, aber als gute Kameraden. Und das erschien ihr allemal attraktiver als ein „glühender Liebhaber, auf den man sich nicht verlassen kann". Auch sie überlegte sich, ob möglicherweise das nahende Klimakterium seine Schatten vorauswarf. Da sie sich aber sonst in keiner Weise körperlich beeinträchtigt fühlte und auch keine körperlichen Veränderungen an sich feststellte, verwarf sie diese Vermutung.

In der Therapie erzählte sie von ihrem Leben, von Schwierigkeiten, von erfüllten Zeiten, da wurde kaum etwas geschönt, auch kaum etwas ins Düstere dramatisiert. Aus den Erzählungen trat mir eine lebenspraktische Frau entgegen, mit sich einigermaßen einverstanden, die Konflikte in der Ehe und mit ihren Eltern austrug, ohne nachtragend zu sein, eine Frau auch, die nicht das Unmögliche von sich verlangt und deshalb auch das, was sie erreicht hat, genießen kann. Es wurde sehr deutlich, daß sie ohne die Arbeit außer Haus „nicht hätte leben können", daß sie zwar Freude an den Kindern hatte, sie aber auch auf längere Strecken mühsam fand. Sie erinnerte sich genau an die Zeit, als ihre beiden Kinder, ein Sohn und eine Tochter, vier und zwei Jahre alt gewesen waren und sie den Eindruck hatte, für nichts mehr Zeit zu haben außer für diese Kinder. Da sei ihr das erstemal „die Decke auf den Kopf gefallen", da habe sie ihrem Mann gesagt, es müsse etwas geschehen, und zu zweit hätten sie organisiert, daß sie an drei statt nur an einem Nachmittag in „ihrer Boutique" arbeiten konnte. Von ihren jetzt erwachsenen Kindern wußte sie erstaunlich wenig zu erzählen, sie kannte zum Beispiel nicht einmal die Adresse der Wohngemeinschaft, in der ihr Sohn jetzt schon seit mehr als vier Monaten lebte. Was zunächst wie eine Mutter aussah, die viel Respekt vor dem Eigenleben ihrer Kinder hat („ich habe immer darauf geachtet, daß sie rasch selbständig wurden, und habe mich so wenig als möglich eingemischt"), verkehrte sich zunehmend ins Bild einer Mutter, die sich für ihre Kinder überhaupt nicht mehr interessiert. Dieses Bild kontrastierte wiederum mit dem Bild von ihr als der Mutter, die sie war, als ihre Kinder heranwuchsen. Zwar war sie darauf aus, wie sie selbst betonte, die Selbständigkeit ihrer Kinder zu fördern, aber sie war durchaus interessiert an ihnen, was sich auch darin zeigte, daß sie Filme, die die Kinder besonders gern mochten, zusammen mit ihnen und mit ihren Freunden nachspielte in ihren eigenen Inszenierungen, mit selbst entworfenen Kostümen.

Mir drängte sich der Verdacht auf, daß diese Mutter in der Phase des Nicht-wahrhaben-Wollens in einer Weise steckengeblieben war, daß sie nicht die Ablösung, sondern ihr Interesse an ihren Kindern verleugnete. Fast war es, als wären ihre Kinder gestorben. Diesen Satz formulierte ich in der Therapie: „Fast scheint es mir, als wären Ihre Kinder gestorben." Dieser Satz erschreckte sie um so mehr, als ihr Sohn kürzlich zu ihr gesagt hatte, man könnte sterben und sie würde nichts davon mitbekommen.

Sie konnte nun verstehen, daß sie den Ablöseprozeß einfach verdrängt hatte, nicht zuletzt, weil sie sich so sehr in die Arbeit in ihrer Boutique gestürzt hatte. Ihr Mann hatte ähnlich reagiert: Auch er hatte sich gerade mit einem Kollegen zusammen selbständig gemacht, und sie waren mit Plänen und Sorgen überbeschäftigt.

Es wurde Angela aber auch deutlich, daß es ihrer Art entsprach, etwas unsentimental als beendet zu erklären, damit nicht so viele emotionale Verwicklungen daraus entstehen konnten.

Aus diesem Grunde war ihr wohl auch die verläßliche Kameradschaft mit ihrem Mann so lieb.

Nachdem Angela das Ausmaß ihrer Verdrängung klargeworden war, erlebte sie zunächst großes Mitleid mit ihren beiden Kindern, die sie so schlecht behandelt hatte. Sie tat ihnen innerlich Abbitte, äußerlich begann sie, sich vorsichtig ihnen wieder anzunähern. Mir scheint es wichtig, daß sie das Problem zunächst innerlich löste, sich nicht einfach auf ihre Kinder stürzte, denn diese waren ja daran, sich abzulösen und sich abzugrenzen, sie beklagten sich nur darüber, daß ihre Mutter zu wenig Interesse für sie aufbrachte, und sie waren auch der Ansicht, daß die Boutique für die Mutter das „liebste Kind" sei. Das Thema der Schuldgefühle wurde bei Angela aktiviert: War sie als Mutter gut genug gewesen, hätte sie vielleicht gar keine Kinder haben sollen, da sie keine „so leidenschaftliche Mutter" gewesen sei? Es stellte sich ihr die Frage, die sich allen berufstätigen Müttern stellt, ob sie Muttersein und Beruf in einer guten Proportion zueinander gelebt hätten, ob eine solche „Doppelbelastung" überhaupt vertretbar sei usw.

Sie fand für sich selbst ihre Antwort: Sie wußte genau, daß ein Leben als Hausfrau sie nicht erfüllt, nicht ausgefüllt hätte, daß sie vermutlich eine wesentlich ungeduldigere Mutter gewesen wäre, hätte sie nicht ihre sie erfüllende Arbeit gehabt. Auch konnte sie sich selbst sagen, daß ihr Mann am Leben der Kinder auch beteiligt gewesen sei, daß er – wenn notwendig – sich auch noch mehr für sie hätte einsetzen können. Da aber ihre beiden Kinder einen zufriedenen Eindruck machten, fand sie schließlich, sie könnte diese Schuldgefühle loslassen und jetzt für die nächste Lebensphase eine taugliche Einstellung zu ihnen finden.

Auch sie hatte unbewußt eine große Wut auf ihre Kinder, die sich ihr eigenes Leben aufbauten, die mit wesentlich besseren Voraussetzungen gestartet waren, als sie, die Mutter, es je gehabt hatte, die soviel lockerer das Leben angingen, soviel mehr ausprobierten, soviel kreativer lebten. Der Neid auf die Kinder wurde erlebbar, auch der unproduktive Umgang mit dem Neid wurde sichtbar, indem sie immer wieder fand, die sollten doch auch einmal richtig arbeiten, denen würde „man (!) ja das Geld noch in den Hintern stopfen" usw. Sie wollte also die Neiderreger daran hindern, weiter ihren, Angelas, Neid zu erregen, wollte sie stoppen, wollte sie wirklich am liebsten „sterben lassen".

Was steckte hinter dieser großen Aggression? Als wir uns im Rahmen der Erinnerungsarbeit fragten, was denn die Kinder in ihr Leben gebracht hätten, erzählte sie begeistert, wie diese Kinder ihre Kreativität angespornt hätten – auf ganz verschiedenen Ebenen. Vor allem die großen Kinder, als sie so achtzehn, zwanzig Jahre alt gewesen seien, hätten unheimlich viel schöpferische Ideen gehabt, seien mit schöpferischen – zum Teil auch „spinnigen" – Freunden nach Hause gekommen und hätten über Projekte gesprochen. Da sei immer eine inspirierte Atmosphäre gewesen, verbunden mit einer spürbaren, wenn auch nicht ausgesprochenen Überzeugung, daß fast alles machbar sei auf dieser Welt. Sie redete sich in eine Inspiration hinein und sagte dann plötzlich: „Und das gibt es nicht mehr, seit unsere Kinder nicht mehr bei uns wohnen – das ist einfach vorbei, das nehme ich ihnen übel, da beneide ich sie auch." Als ihr der Schmerz über den Verlust dieses Lebensgefühls bewußt wurde, fiel der Neid in sich zusammen, sie spürte sehr genau, was sie nun im Leben vermißte und daß das nicht einfach etwas war, was man sich irgendwo holen konnte. In guten Stunden war sie dankbar darüber, daß sie es überhaupt erlebt hatte, und sie spürte auch, daß diese schöpferische Seite in ihr belebt worden war. Aber es ist nun einmal nicht dasselbe, ob man aktuell fast notgedrungenerweise täglich unter kreativen jungen Leuten sitzt, die einen natürlich auch gelegentlich heftig nerven können mit ihren Luftschlössern, oder ob man merkt, daß man gelegentlich auch selbst eine kreative, inspirierte Atmosphäre herstellen kann.

Jetzt wurde Angela auch deutlich, warum sie plötzlich ihren Ehemann so langweilig fand: Er sollte ihr die inspirierende Atmosphäre ersetzen – und er konnte das nicht, vor allem auch deshalb, weil er von Sorgen gedrückt war, aber auch weil er allein unmöglich die Atmosphäre dieser jungen Leute hervorrufen konnte. Ja es stellte sich heraus, auch er vermißte diese Atmosphäre, die er zwar als wesentlich weniger begeisternd als seine Frau erlebte, aber zumindest als anregend; auch wenn er sie oft als „sehr unrealistisch", als „Luftschlösser", als „Hirngespinste" empfand.

Dieser Prozeß des Nachtrauerns war in verhältnismäßig kurzer Zeit zu bewältigen, Angela kam zu etwa zwanzig Gesprächen zu mir. Als der Trauerprozeß einmal initiiert war, konnte sie allein damit umgehen, in Gesprächen mit ihrem Mann, mit ihren Kindern, mit Frauen, die in derselben Situation waren. Angela hatte eine nicht abgeleitete Identität, auf die sie sich zurückorganisieren konnte und die sich auch wandeln durfte. Sie begriff, daß sich etwas Wesentliches in ihrem Leben verändert hatte, sie litt auch mehr als zuvor darunter, daß sie sich nicht mehr als einen so vernünftigen Menschen ansehen konnte wie zuvor. Sie merkte, daß sie immer auch von einander widerstreitenden Gefühlen heimgesucht wurde. Sie hatte etwa den Wunsch, ihre Kinder möchten autonom und stark sein, besonders auch ihre Tochter, andererseits wünschte sie aber auch, sie möchten noch ein wenig abhängig bleiben, damit sie nicht ihre ganze Bedeutsamkeit verlöre. Sie überlegte sich dann immer wieder, wie sie sich Stunden der Inspiration vielleicht doch noch – wenn auch in bescheidenem Ausmaß – verschaffen könnte.

Ganz anders sieht der Ablöseprozeß bei Heidi aus. Heidi hat fünf Söhne, auch sie war als Lehrerin zunächst nur stundenweise, dann, als ihr jüngster Sohn fünfzehn Jahre alt war, zu achtzig Prozent berufstätig.

Heidi ist dreiundfünfzig, als sie in Therapie kommt. Sie findet ihr Leben leer, bedeutungslos; sie sieht sich aber außerordentlich großen Ansprüchen gegenüber, in der Familie, im Beruf, sie fühlt sich überfordert und betrachtet das als Ursache ihres „Lebensverleiders". Sie weiß nicht, wo sie sich wehren könnte, sie hat den Eindruck, sie müsse wirklich an „allen Fronten kämpfen", obwohl sie sich erschöpft fühlt. Ihre Wortwahl drückt aus, daß sie sich eigentlich in einem Krieg wähnt; Konflikte werden aber nicht angesprochen. Sie sagt nur, daß sie sich überfordert fühlt, sie sich allein fühlt in ihrer Familie mit all den Männern und aus diesem Grunde auch sehr gern als Lehrerin an einer Mädchenschule arbeitet. Sie wartet darauf, daß jemand ihr sagt, was sie zu tun oder – besser – was sie zu lassen hat. Ihr Mann bringt wenig Verständnis für ihre Situation auf, findet ihre Reaktion paradox: Solange alle Söhne zu Hause gewesen seien, da habe sie viel mehr Arbeit viel lockerer bewältigt, jetzt, wo nur noch der Jüngste da sei, werde ihr alles zuviel.

Im Gespräch fällt auf, daß sie die Ansichten ihres Mannes an mich heranträgt, dann auch die Ansichten ihrer Söhne und auch die ihrer Kolleginnen an der Schule. Außer daß sie sich erschöpft fühlt, fällt kaum eine Aussage, die sie persönlich betrifft. Sie spricht distanziert und gemessen von ihrem Problem.

Ich denke an die Aussage ihres Mannes, daß sie sich offenbar besser gefühlt habe, als ihre Söhne noch zu Hause waren. Und so bitte ich sie, mir aus dieser Zeit zu erzählen. Sie spricht begeistert von ihren Kindern, sie berichtet auch von dem Konflikt zwischen Berufstätigkeit und ihren Verpflichtungen als Mutter. Da ihr

Mann, auch ein Lehrer, aber sehr gerne in der Familie mitgeholfen hatte, waren die Verpflichtungen miteinander zu vereinen gewesen. Ihr Mann hatte ihr immer glaubhaft versichert, daß sie beides wirklich unter einen Hut bringen könne, er sei es dann auch gewesen, der sie dazu ermutigt habe, ihren Beruf wiederaufzunehmen. Zu den Söhnen hatte sie eine enge, zärtliche Beziehung, die sich aber verändert habe, als sie sich so mit siebzehn, achtzehn mehr in ihrer Altersgruppe bewegt hätten. Da seien sie plötzlich „Rüpel" geworden. In ihrer Stimme schwingt Ärger, aber auch Trauer mit. Besonders zu zwei Söhnen habe sie eine enge Beziehung gehabt, die hätten ihr immer das Gefühl gegeben, eine ganz tolle Frau zu sein. Sie hätten ihr zum Beispiel gesagt, welche Kleider sie tragen sollte, was ihr besonders gut stehe. Gerade diese Söhne hätten jetzt eine enge und ausschließende Liebesbeziehung, sie würde die beiden kaum mehr sehen. Während sie das sagte, sackte sie noch mehr in sich zusammen. Es war deutlich, daß ihre Söhne ihr den Selbstwert als Frau garantiert hatten und daß ihr diese Bestätigung nun fehlte. Das konnte sie aber nicht so ausdrücken, und insgeheim war sie außerordentlich wütend auf die „ausschließende" Beziehung, die diese Söhne pflegten. Sie war eifersüchtig, ohne sich das aber einzugestehen. Intellektuell konnte sie zwar einsehen, daß ihre „depressive Erschöpfung" mit der Ablösung ihrer Kinder zu tun hatte. Diese wog um so schwerer, als ihr Mann sich damit auch sehr schwer tat. Emotionell konnte sie aber zunächst nicht mit den Gefühlen der Trauer, des Ärgers in Kontakt kommen. Auch bei ihr ging es darum, mit Hilfe von Träumen, von Phantasien, von Übertragung und Gegenübertragung ihre eigene, nicht abgeleitete Identität zu finden. Erst danach konnte sie sich eingestehen, welcher Verlust es für sie war, als diese zärtlichen Knaben plötzlich junge Männer waren, die anderen aufs Haar glichen; welcher Verlust es war, als sie spürte, daß sie bei ihren Lieblingssöhnen nicht mehr an der ersten Stelle stand.

Ihre Berufstätigkeit war eine Hilfe für sie in ihrer Lebenssituation. Denn dadurch war ihr Leben strukturiert, sie mußte gewisse Pflichten einfach wahrnehmen. Das gab ihr zunächst einen Rahmen, denn von sich selbst aus hätte sie, nachdem auch ihr Mann sich weigerte, ihr weiter vorzuschreiben, was sie zu tun hatte, keine Idee gehabt, kein Interesse, keinen Wunsch. Erst nach längerer Therapie begann sie zu wissen, was sie sich wünschte, was sie interessierte.

Heidi war die Tochter eines energischen, dynamischen Lehrers, der seine Frau dominierte und zu Hause dafür sorgte, daß alles seinen geordneten Gang nahm. Die Mutter von Heidi war unauffällig und im Hintergrund. Sie gab ihrer Tochter die Botschaft, daß es gut sei, bald zu heiraten, und das tat Heidi dann auch. Ihr Mann, der zunächst in einem anderen Beruf Fuß gefaßt hatte, ließ sich in den ersten Ehejahren zum Lehrer umschulen. Auch bei Heidi haben wir also die Situation, daß keine Auseinandersetzung und keine Ablösung, weder mit Vater und Mutter noch mit deren unterschiedlichen Ansichten über das Leben stattgefunden hatte; auch sie ist in ihrer depressiven Struktur bestärkt worden, auch sie lebte in der Identifikation mit ihrer Mutter ein zunächst für sie durchaus befriedigendes Leben.

Berufstätige Mütter haben ebenfalls ihre Schwierigkeiten bei der Ablösung von den Kindern, sie haben aber den Vorteil, nicht allein auf die Mutterrolle fixiert zu sein.

# Die schwierige Ablösung von schwierigen Kindern

Bei den Beispielen, die ich gewählt habe, waren die Kinder, den Aussagen ihrer Mütter nach zu schließen, alle mehr oder weniger „wohlgeraten". Bei der Erinnerungsarbeit konnte immer wieder festgestellt werden, daß jedes dieser Kinder wirklich wesentliche Persönlichkeitszüge in den Müttern belebt hatte oder zumindest – und das ist nicht wenig – Lebendigkeit in das Leben hineingebracht hatte. Zu all diesen Ablöseprozessen gehören auch Schuldgefühle. Sie sind der Ausdruck dafür, daß wir Menschen einander immer etwas schuldig bleiben, uns wohl schuldig bleiben müssen. Und so sind diese Mütter natürlich auch ihren Kindern etwas schuldig geblieben. Der therapeutisch begleitete Ablöseprozeß endete bei allen hier erwähnten Frauen damit, daß sie sich nun als reiche Mütter ansahen. Sie fühlten sich nun nicht mehr nur vom Leben beraubt, sondern sie waren überzeugt, eine Aufgabe zu einem Ende – oder wenigstens zu einem vorläufigen Ende – gebracht zu haben, die sinnvoll war, die sich gelohnt hatte, die sie ausgefüllt hatte für eine gewisse Zeit ihres Lebens. Trotz der Dankbarkeit für alles Erlebte mit den Kindern, trotz der Dankbarkeit dafür, daß diese Beziehung in einer veränderten Weise weitergehen kann, wurden ihnen immer auch Vorbehalte den jetzt erwachsenen Kindern gegenüber bewußt; da fand etwa eine Mutter, ihr Sohn sei eigentlich in seiner Beziehung zu ihr ein richtiger Egoist, eine andere konnte sich nur schwer damit abfinden, daß ihre Tochter schlichtweg erklärte, Kinder zu haben würde sie entsetzlich nerven. Diese Vorbehalte wurden aber nicht mehr als Forderung zur Veränderung in die Beziehung hineingetragen, sondern sie wurden wahrgenommen als Zeichen des unterschiedlichen Lebensstils, der unterschiedlichen Lebensansichten. Diese Eigenheiten wurden akzeptiert, wie sie bei anderen, weniger nahestehenden Menschen auch akzeptiert werden: Zwar war deutlich und schmerzlich spürbar, daß diese oder jene Eigenheit den Müttern nicht paßte, aber deshalb waren und sind diese Töchter und Söhne trotzdem liebenswert.

Kann so gedacht werden – und wird dieses Denken auch in der Weise emotional abgedeckt, daß wirklich keine „Besserungsvorschläge" mehr aus diesen Vorbehalten heraus erfolgen –, ist das ein Anzeichen dafür, daß man die Autonomie der Vertreter und Vertreterinnen der jungen Generation wirklich akzeptieren kann. Man hat dann begriffen, daß Menschen auch dann liebenswert sind, wenn sie unter anderen auch Eigenheiten haben, die uns nicht passen.

Erschwert wird nun die Ablösung ganz entscheidend, wenn der Eindruck aufkommt, man hätte ein Leben lang nur Schwierigkeiten gehabt mit einem Kind, es habe gar nichts Liebenswertes in unser Leben gebracht, es hätte nichts in uns belebt, auf das wir mit Freude und Dankbarkeit zurückschauen könnten, sondern nur Gefühle der Ohnmacht, der Wut, der Schuld angesprochen und in uns aufrechterhalten.

Wie sieht dieser Ablöseprozeß aus, wenn man sich nicht als hinreichend gute Eltern erlebt, sondern wenn deutlich wird, daß man eigentlich versagt hat? Daß man Schuldgefühle hat wegen dieses Versagens und höchstwahrscheinlich die Adoleszenten zu Sündenböcken macht, um mit diesem eigenen Versagen zurechtzukommen? Gerade diese Abwehrform verstärkt die Probleme, da solche „Sündenböcke" oft geradezu in „schuldhaftes" Verhalten hineingezwängt werden, ihnen wird „schuldhaftes" Verhalten delegiert[27].

Es ist für uns Menschen außerordentlich schwer, schwierige Seiten an uns zu akzeptieren, besonders dann, wenn diese schwierigen Seiten auch weitreichende Folgen im Leben von anderen Menschen haben. Wir versuchen, andere zu finden, die unserer Ansicht nach mindestens soviel Schuld haben an den Folgen unseres Versagens wie wir – oder überhaupt ganz schuld sind an der ganzen Misere. Oder wir verdrängen die Schuldgefühle und leiden zum Beispiel an einer übertriebenen Angst davor, in irgendeiner Weise beschädigt zu werden oder vorzeitig zu Tode zu kommen. In diesen Phantasien kann sich die Wut auf uns selbst äußern, die wir nicht wahrhaben wollen. Unser maskierter, eigener Todeswunsch wird dann als übertriebene Todesangst erlebt. Diese Verdrängungsversuche unserer fundamentalen Unzufriedenheit mit uns selbst gehen in unserer Kultur meistens damit einher, daß an einer anderen Stelle des Lebens viel Erfolg gesucht wird, und zwar ein möglichst sichtbarer Erfolg, und das ist meistens ein materieller Erfolg.

Dadurch mag man sich wohl vorübergehend etwas besser fühlen, das Ablöseproblem wird indessen nicht gelöst, man bleibt in Wutgefühlen, Schuldgefühlen und Angst stecken.

Die Ablösung und der damit verbundene Trauerprozeß kann erst erfolgen, wenn wir zu dieser Schuld stehen können und immer mehr und besser verstehen, warum wir so schuldig werden mußten. Dieses Zu-sich-Stehen auch im Scheitern, zumindest im Scheitern vor den Ansprüchen unseres Ideals, das wir von uns verlangen zu erfüllen, setzt allerdings voraus, daß wir uns auch in unseren Schattenseiten akzeptieren können. Damit beziehen wir uns auf eine Identität, die Licht- und Schattenseiten kennt, die aus Licht- und Schattenseiten zusammengesetzt ist. Das heißt, daß wir uns auch dort akzeptieren, wo wir hinter unseren Möglichkeiten zurückbleiben. Erst dann wird es uns auch möglich, die Möglichkeiten zu sehen, die noch zu entwickeln sind.

Dieses genaue Hinsehen fordert indessen viel Mut von uns, denn gerade dann, wenn wir bewußt oder unbewußt wissen, daß wir einen Fehler, daß wir immer wieder Fehler gemacht haben, sie vielleicht auch machen mußten, weil es eine richtige Lösung gar nicht gab, haben wir das Bedürfnis, unser strapaziertes Selbstwertgefühl zu beschwichtigen, es aufzubessern zum Beispiel durch eine Idealisierung von Fähigkeiten von uns oder durch Idealisierung eines Weges, den wir eingeschlagen haben. Das genaue Hinsehen dagegen kränkt uns zunächst, ist aber, auf Dauer gesehen, eine Möglichkeit, mit dem Problem umgehen zu können, so daß wir uns wieder in einem Prozeß befinden und nicht in einer Sackgasse stecken. Auch ist das genaue Hinsehen im Hinblick auf die Entwicklung der eigenen

Identität ganz wichtig: Wir erleben, wer wir sind, und nicht, was wir uns vormachen zu sein. Damit fühlen wir uns identischer mit uns selbst, echter, vitaler, wir sind damit auf dem Weg zu unserer immer mehr authentischen, autonomen Identität.

Erika, sechsundfünfzig, hat große Mühe, sich von ihren Kindern abzulösen, besonders von ihrer ältesten Tochter. Diese Tochter kann es ihr auch in keiner Weise recht machen: Nach zwei Abtreibungen, die die Mutter zutiefst verurteilte, beschloß die Tochter anläßlich der nächsten Schwangerschaft, das Kind zur Welt zu bringen, außerehelich. Sie behauptete, nicht zu wissen, wer der Vater des Kindes sein könnte. Auch dieser Schritt wurde von der Mutter verurteilt, und sie teilte der Tochter auch unmißverständlich mit, sie könne nicht damit rechnen, daß sie, die Großmutter, sich auch nur in kleinster Weise für diesen Balg einsetzen werde. Die Tochter beschwerte sich bei ihrer Mutter und formulierte, was sie offenbar während der Kindheit und der Adoleszenz (unterdessen ist die Tochter dreiunddreißig) immer wieder gesagt hatte: „Du liebst mich einfach nicht. Du hast etwas gegen mich. Ich kann tun, was ich will, du bist nie zufrieden."

In der Therapie erzählt Erika ganz empört von diesen Vorwürfen der Tochter und bringt auch zum Ausdruck, daß sie einfach den Lebensstil dieser Tochter nicht akzeptieren kann, diese vielen Affären seit früher Jugend, den nach ihrer Ansicht damit verbundenen großen Alkoholkonsum, das „ewige" Wechseln der Arbeitsstellen (an der letzten Arbeitsstelle war die Tochter zwei Jahre lang beschäftigt gewesen).

Erika kann sich mit dem Leben ihrer Tochter ganz und gar nicht einverstanden erklären, nichts, aber auch gar nichts ist akzeptabel an deren Leben. Die Tochter ihrerseits scheint immer noch darauf zu warten, daß ihre Mutter endlich einmal einverstanden ist mit ihr.

Ich versuche, mit Erika Erinnerungsarbeit zu leisten, indem ich sie anleite herauszufinden, was diese Tochter im Laufe ihres Lebens in ihr belebt hat. Es setzt ein großes Klagen ein: Ihre Tochter hat ihr alle Lebensfreude abgeschnitten; da hat sie sie nicht abgetrieben, ihretwegen in die Heirat mit einem mehr als problematischen Mann eingewilligt, von dem sie unterdessen auch geschieden ist, und zum Dank hat dieses Kind nur Schwierigkeiten gemacht. Schon als Baby hat es immer geschrien, ließ sie nachts nicht schlafen, später war es verbockt, hatte Schwierigkeiten in der Schule, log, stahl – alle Erziehungsversuche fruchteten nichts ... Erika bringt mit ihrer Aufzählung zum Ausdruck, daß sie unendlich viel für dieses Kind geopfert hat und daß das gar keinen Sinn hatte. Im Gegenteil, sie fühlt sich mit diesem Kind so richtig gestraft – ganz und gar gestraft. Ihrem Erzählen ist anzumerken, daß sie es vor sich selbst nicht zugeben kann, daß sie diese Tochter wirklich nicht geliebt hat, daß sie an den Schwierigkeiten dieser Tochter durchaus auch ihren Anteil hat und daß die Schwangerschaft mit ihr sie damals wohl in eine sehr schwierige Situation brachte. Erika stabilisiert zusätzlich ihren Selbstwert, indem sie ihr damaliges Handeln mit dem ihrer Tochter heute vergleicht, sich selbst dabei als „tugendhaft" erlebt, das Handeln ihrer Tochter heute indessen als unethisch abqualifiziert.

Während einiger Wochen spricht Erika in der Therapie über die Zeit, als sie ihre erste Tochter empfangen hat, über ihre Probleme, ihre Verzweiflung, mit der sie sich allein fühlte. Ihr Partner fand damals, man würde einfach rasch heiraten, dann sei das Problem gelöst. Sie hatte sehr schnell gemerkt, daß sie sich mit ihrem Mann nicht wirklich auseinandersetzen konnte, auch nicht, was ihre Beziehung betraf, für ihn gab es einfach keine Probleme. Mit der Zeit wechselte der Ton der Schilderung: Es stand nicht mehr so sehr die Idealisierung ihrer damaligen Entscheidung und deren Konsequenzen im Vordergrund, die sie dann auch auf sich genommen hatte, bis das jüngste Kind erwachsen war. Sie entwickelte langsam Mitgefühl für diese Frau, die sie in jener Lebenssituation war. Sie hatte diese Situation kaum bewältigen können und sich so sehr allein gefühlt. Mit dieser wachsenden Empathie sich selbst gegenüber konnte sie sich auch immer besser in ihre Tochter einfühlen. Schließlich konnte die Mutter bei einer Auseinandersetzung mit ihrer Tochter, in der die Tochter wiederum die fehlende Liebe beklagte und einklagte, ihr sagen, es stimme: sie habe die Tochter nicht geliebt. Und sie erzählte ihr, was es für sie bedeutet hatte, sie nicht abzutreiben und nur ihretwegen zu heiraten. Erika erwartete Haß für diese Offenheit, doch die Tochter reagierte erlöst – „fast liebevoll" –, wie die Mutter es ausdrückte. Sie bekam nun von der Mutter bestätigt, was sie, die Tochter, schon oft und lange gespürt hatte, was sie sich auch als Erklärung zurechtgelegt hatte, sie von der Mutter bis jetzt aber nie bestätigt bekommen hatte. Offenbar hatte Erika ihrer Tochter auch vermitteln können, daß sie es wohl beide sehr schwer miteinander gehabt hatten und es ja auch immer noch schwer miteinander hätten.

Es folgte eine Phase, in der Erika meinte, daß alle Schwierigkeiten ihrer Tochter von ihr verursacht seien. Sie litt unter heftigen Schuldgefühlen. Glücklicherweise hatten wir ihre Geschichte schon etwas unter einem gütigen, verstehenden Blick aufgearbeitet, so daß diese positive Perspektive immer wieder angesprochen werden konnte. Erika lernte nun hinzusehen, wo sie sich auch jetzt immer noch schuldig machte, wenn sie ihre Tochter so ganz und gar ablehnte. Nach einer Phase, in der sie versuchte, ihre Tochter in allem zu verstehen, sie sogar zu idealisieren für das, was sie jetzt so viele Jahre verteufelt hatte, geschah dies wieder vermehrt.

Daß sie so lange Jahre hindurch ihre Tochter lieblos behandelt hatte, tat ihr sehr leid. Und sie versuchte, jetzt liebevoller zu handeln, und sie empfand Schuldgefühle, wenn sie lieblos handelte. Dennoch war es für sie schwierig zu akzeptieren, daß sie, die so viel auf sich genommen hatte, um ihr Leben „richtig" zu leben, eine solche Tochter, eine „gescheiterte Existenz", hatte. Sie hatte Mühe, vor anderen Menschen zu ihr zu stehen. In einem Gespräch mit einem ihrer anderen Kinder wurde ihr bewußt, daß sie dieser Ehe diese anderen Kinder ebenfalls verdankte. Und diese Kinder hatten ihr durchaus viel Freude gemacht. Sie sah ihren Entschluß von damals nun in etwas anderem Licht. Sie begriff, daß sie damals für sich selbst nur noch die Wahl gehabt hatte, zwei für sie schwierige Lebenswege einzuschlagen, zwei Fehler zu machen, wie sie es ausdrückte, und daß sie wohl doch den Weg gewählt hatte, der ihr gemäßer gewesen war, daß das jetzt ihr Schicksal war, das sie und auch ihre Tochter zu tragen hatten.

Die ganze Problematik mit ihrer Tochter, sosehr sie davon auch belastet blieb, wurde für sie auch zum Ausdruck ihres ganz eigenen Lebensweges, für den sie die Verantwortung zu übernehmen hatte, in ihrem Selbstwertgefühl fühlte sie sich dadurch sehr gestärkt. Mutter und Tochter waren im Gespräch miteinander, in einem schmerzvollen Gespräch.

Nachdem Erika vor sich zugeben konnte, daß sie ihre Tochter nicht geliebt hatte, daß sie sie am liebsten aus ihrem Leben getilgt hätte, konnte die Erinnerungsarbeit an die gemeinsame Zeit ganz anders geleistet werden als zuvor. Plötzlich fiel Erika ein, daß ihre Tochter eine sehr fürsorgliche Seite gehabt hätte, ihr manchmal eine Beere oder eine Frucht gebracht habe, wenn sie gerade sehr erschöpft gewesen sei. Und das war oft vorgekommen. Oder sie erinnerte sich daran, daß diese Tochter sich nie darum gekümmert hatte, was die anderen Menschen dachten, und dadurch viel Freiheit auch in die Familie eingebracht hatte. Das mag auch einer der Gründe dafür sein, daß die Geschwister diese „mißratene Schwester" wesentlich weniger schrecklich finden als die Mutter und auch bereit sind, ihr zu helfen, wenn es notwendig ist.

Bei dieser Erinnerungsarbeit an eine sehr schwierige Beziehung zeigt es sich, wie eigentlich immer in solcher Situation, daß es kein Kind gibt, das ausschließlich Schwierigkeiten gemacht hat, das nur unangenehme Seiten in einem belebt hat. Es gibt allerdings viele Beziehungen, in denen so viele Gefühle verdrängt und verleugnet werden, so viel unbewußter Haß gärt, daß die liebevolleren Gefühle nicht mehr zugelassen werden dürfen und damit auch nicht die Erinnerungen, die durchaus belebt und angeregt haben.

Erika fand ihr Leben blutvoller, sich selber realer, nachdem sie akzeptieren konnte, daß sie durchaus schwerwiegende Fehler gemacht hatte, zu denen sie nun stehen konnte, deren Konsequenzen sie sah und auf sich nahm.

# Die zentrale Frage nach der Identität

Jede Situation der Trauer, jeder Ablöseprozeß, jede Trennung, jeder Verlust zwingt den Menschen, sich neu auf sich selbst zu besinnen, sich auf die jeweilige Identität zu besinnen und diese Identität auch der veränderten Lebenssituation gemäß neu zu definieren. Oder er muß erschreckt feststellen, daß eine eigene Identität für ihn nicht erlebbar ist. Wenn wir uns unseren Identitätsproblemen, die sich auftun, stellen, wenn wir uns den Fragen aussetzen nach dem, was man ist, angesichts der Situation, was bleibt, was gültig ist für unser Leben, was wir selbst sind und was wir gerne wären, so wird deutlich: die Trennungen, die uns im Leben abverlangt werden, fordern von uns, daß wir uns auf uns selbst besinnen. Wir werden dadurch immer mehr wir selbst, immer autonomer, immer authentischer und damit auch immer beziehungsfähiger.

Die Probleme, die Frauen bei der Ablösung von ihren Kindern zum Teil haben, zeigen, daß sich bei diesem wichtigen Ablöseprozeß längst fällig gewordene Besinnungen auf die eigene Identität, längst fällig gewordene Wandlungen in der eigenen Identität nachholen lassen und nachgeholt werden müssen. Frauen, die mehrheitlich in einer abgeleiteten, „verschriebenen“ Identität gelebt haben, müssen jetzt zu einer mehr autonomen Identität finden.

Die Suche nach der eigenen Identität läßt sich offenbar zwar hinausschieben im Leben einer Frau, sie läßt sich aber nicht vermeiden. Und je später die Frage der autonomen Identität an eine Frau herantritt, um so schwieriger ist es für sie, noch herauszufinden, was für den Rest des Lebens denn Gültigkeit haben soll und was davon noch gelebt werden kann. Die Trauer um das ungelebte Leben wächst dann immer mehr. Allerdings schließt jeder Lebensentwurf gewisse Möglichkeiten aus – alle Menschen müssen trauern um das ungelebte Leben.

So ist der Ablöseprozeß von den Kindern, wie jeder Trauerprozeß, eine Herausforderung und eine Chance, sich mehr und neu auf sich selbst zu besinnen.

# Anmerkungen

[1] Züri-Woche vom 28. Juni 1990.

[2] *Mastow / Newberry,* 538–548.

[3] Adoleszenz: Die frühe Adoleszenz setzt man ungefähr zwischen Vierzehn und Achtzehn. Sie ist geprägt durch Berufswahl usw. In der späten Adoleszenz (18.–21. Lebensjahr) wird langsam die Rolle des Erwachsenen übernommen, das Thema der Selbständigkeit und der Abgrenzung von der Herkunftsfamilie steht im Mittelpunkt.

[4] Vgl. *Blanck,* 56ff.

[5] Vgl. *Mahler.*

[6] *Kast,* Wege zur Autonomie.

[7] *Kast,* Trauern.

[8] *Kast,* Paare.

[9] *Lewis.*

[10] *Kast,* Die Dynamik der Symbole, 198–203.

[11] Archetypus: Der Archetypus ist einerseits ein strukturgebender, andererseits ein dynamischer Faktor im psychischen und im physischen Bereich, d.h., psychische und physische Prozesse bewegen sich innerhalb einer gewissen menschlichen Typik, Menschen haben in bestimmten Situationen vergleichbare Bilder, vergleichbare Emotionen, vergleichbare Triebe. Der an sich unanschauliche, bewußtseinstranszendente Archetypus bringt sowohl ähnliche Bilder als auch ähnliche instinktive und körperliche Reaktionen hervor. Es gehört unabdingbar zum Menschen, daß er eine Mutter und einen Vater hat, diese auch immer wieder sucht, wenn sie nicht vorhanden sind. Auch können alle Menschen mütterliche und väterliche Züge entwickeln. Diese archetypischen Vorstellungen sind aber immer noch vermittelt durch unsere persönlichen Komplexe hindurch, durch unsere persönlichen Erfahrungen an Vater und Mutter, was auch erklärt, weshalb mit dem Typischen in einer archetypischen Situation auch sehr viel Persönliches verwoben ist.
Vgl. dazu auch *Kast,* Dynamik der Symbole, 115.

[12] *Stierlin u. a.,* 221 f.
[13] Vgl. *Kast,* Dynamik der Symbole, s. Komplex.
[14] *Kast,* Trauern.
[15] Teile des nachfolgenden Textes sind meinem Buch: Die Dynamik der Symbole, S. 68 ff., entnommen, gekürzt und leicht verändert worden.
[16] Schatten: Mit Schatten werden Seiten an uns bezeichnet, die wir nicht akzeptieren können, die nicht mit unserem Ichideal übereinstimmen, oft auch nicht mit den Werten, die eine Gemeinschaft gesetzt hat und die wir deshalb verdrängen und mit Vorliebe an anderen Menschen sehen, in der Projektion, und sie dort auch bekämpfen. Neben den persönlichen Schatten gibt es auch den Schatten des Kollektivs.
Zum persönlichen Schatten: Wer sich gerne großzügig sieht, der hat seine kleinlichen Seiten im Schatten; wer sich gerne unaggressiv gibt, hat seine Aggressionen im Schatten, kann dann, wenn sein Schatten konstelliert ist, aggressiv sein, es selber aber nicht merken. Der Schatten zeigt uns, daß wir nicht nur so sind, wie wir uns gerne sehen, sondern er konfrontiert uns damit, daß wir gerade das, wogegen wir uns bewußt immer wieder entscheiden, dennoch in unserer Seele auch vorfinden. – Vgl. weiter zu diesem Thema: *Kast,* Dynamik der Symbole, 242–244.
[17] Vgl. *Kast,* Dynamik der Symbole, 13 ff.
[18] *Bernardoni, Claudia / Werder, Vera:* Erfolg statt Karriere, in: Ohne Seil und Haken. Frauen auf dem Weg nach oben, K. G. Sauer-Verlag, München 1990.
[19] Vgl. *Kast,* Paare, s. Anima.
[20] *Scarr.*
[21] *Seligman.*
[22] *Rohde-Dachser,* 94 ff.
[23] *Riedel.*
[24] *Kast,* Paare, s. Bruder Mann und Schwester Frau.
[25] *Kast,* Dynamik der Symbole.
[26] *Kast, Verena,* Imagination als Raum der Freiheit. Dialog zwischen Ich und Unbewußtem, Walter, Olten 1988.
[27] Zum Thema der Schuldproblematik vgl. *Kast,* Dynamik der Symbole.

# Literaturverzeichnis


*Bernardoni, Claudia / Werder, Vera:* Erfolg statt Karriere, in: Ohne Seil und Haken. Frauen auf dem Weg nach oben, München 1990.

*Blanck, Rubin und Gertrude:* Angewandte Ich-Psychologie, Stuttgart 1978.

*Fahrenberg, Brigitte:* Die Bewältigung der „empty nest Situation" als Entwicklungsaufgabe der älterwerdenden Frau. Eine Literaturanalyse, in: Z. Gerontol 19, 323–335 (1986).

*Kast, Verena:* Trauern. Phasen und Chancen des psychischen Prozesses, Stuttgart 1982, [10]1990.

–, Paare. Beziehungsphantasien oder Wie Götter sich in Menschen spiegeln, Stuttgart 1984, [9]1990.

–, Wege zur Autonomie. Märchen psychologisch gedeutet, Olten, Freiburg i. Br. 1986.

–, Die Dynamik der Symbole. Grundlage der Jungschen Psychotherapie, Olten, Freiburg i. Br. 1990.

*Lewis, Clive S.:* Über die Trauer, Zürich 1990.

*Mahler, Margaret S.:* Symbiose und Individuation, Stuttgart 1972.

*Mastow, Evelyn / Newberry, P.:* Work role and depressing in woman. A comparison of workers and housewives in treatment, in: American Journal of arthopsychiatry 45 (1975).

*Riedel, Ingrid:* Die weise Frau in uralt neuen Erfahrungen, Olten 1989.

*Rohde-Dachser, Christa:* Weiblichkeitsparadigmen in der Psychoanalyse, in: Brede, Karola (Hrsg.), Was will das Weib in mir, Freiburg i. Br. 1989.

*Scarr, Sandra:* Wenn Mütter arbeiten. Wie Kinder und Beruf sich verbinden lassen, München 1987.

*Seligman, Martin E. P.:* Erlernte Hilflosigkeit, Stuttgart 1979.

*Stierlin, Helm / Wirsching, Michael / Rücker-Embden, Ingeborg / Wetzel, Norbert:* „Problemfamilien" im Erstinterview, in: Stierlin, Helm / Duss-von Werdt, Josef (Hrsg.), Familiendynamik, Heft 3, Stuttgart 1977.

# Bücher für Mütter und Töchter

Julie und Dorothy Firman
*Lieben, ohne festzuhalten*
Töchter und Mütter
260 Seiten, Paperback
ISBN 3.451-21636-1

Töchter und Mütter haben immer eine gemeinsame Geschichte, die ein ganzes Leben andauert und in der beide aktiv mitspielen: sich behüten, aber auch verletzen, sich ablehnen, aber auch aneinanderhängen. Wie aber können Töchter und Mütter zu einer reifen und liebevollen Beziehung finden, in der sie sich Halt schenken, ohne einander festzuhalten? Julie und Dorothy Firman, selbst Tochter und Mutter, zeigen sensibel und an vielen Beispielen, wie Töchter und Mütter Verletzungen überwinden und Eigenständigkeit gewinnen können. Praktische Hinweise am Ende jedes Kapitels geben Aufschluß über die eigene Situation.

Heidi Gidion
*Und ich soll immer alles verstehen ...*
Auf den Spuren von Müttern und Töchtern
3. Auflage, 200 Seiten, Paperback.
ISBN 3-451-21129-7

Heidi Gidion leuchtet mit psychologischem Spürsinn und aus eigener Erfahrung die ganze Spannweite der Mutter-Tochter-Beziehung aus. In den von ihr ausgewählten Texten sind die Spuren dieser Beziehung besonders tief und plastisch. Es sind Texte verschiedener literarischer Epochen, die – frei von Anklagen oder Schuldzuweisungen – Problemfelder abstecken, um Anstöße und Lernhilfen für ein Leben in gegenseitiger Toleranz zu geben. Ehrlichkeit und Einfühlsamkeit ist der Weg, den dieses Buch einschlägt. „Lesenswert für Frauen, die sich mit ihrer Mutterbeziehung auseinandersetzen wollen" (Die Mitarbeiterin).

Verlag Herder Freiburg · Basel · Wien

